东北亚国别区域研究

2021

第二辑

肖传国 主编

九州出版社 JIUZHOUPRESS｜全国百佳图书出版单位

图书在版编目（CIP）数据

东北亚国别区域研究. 2021. 第二辑 ／ 肖传国主编
. -- 北京：九州出版社，2022.8
ISBN 978-7-5225-1129-0

Ⅰ．①东… Ⅱ．①肖… Ⅲ．①东亚－研究 Ⅳ.
①D731.0

中国版本图书馆CIP数据核字(2022)第159269号

东北亚国别区域研究．2021．第二辑

作　　者	肖传国　主编
责任编辑	郭荣荣
出版发行	九州出版社
地　　址	北京市西城区阜外大街甲 35 号（100037）
发行电话	(010)68992190/3/5/6
网　　址	www.jiuzhoupress.com
印　　刷	北京捷迅佳彩印刷有限公司
开　　本	710 毫米 ×1000 毫米　16 开
印　　张	11.75
字　　数	190 千字
版　　次	2022 年 9 月第 1 版
印　　次	2022 年 9 月第 1 次印刷
书　　号	ISBN 978-7-5225-1129-0
定　　价	69.00 元

序　言

　　吉林省地处东北亚，是我国"周边外交"与"大国外交"的交汇点，也是我国顺利落实"一带一路"倡议的重要区域，同时，更是开展东北亚国别区域研究的核心区域。为服务国家"一带一路"倡议和全面振兴全方位振兴东北老工业基地建设，吉林外国语大学是东北地区覆盖"一带一路"沿线语种最多的高校，包括英、俄、日、蒙、朝、阿拉伯、波斯等20个语种。我校充分发挥多语种资源优势，结合"一带一路"语言文化服务协同创新中心"多语种翻译+"特色，进行跨学科的学术研究，先后获得国家社科规划基金项目、教育部人文社科项目、省社科规划基金项目、省科技厅软科学项目等科研课题几十项。同时，我校借助本校"多语种翻译中心"平台，进行外文书籍汉译和中文书籍外译，近年来先后翻译出版了东北亚丝绸之路（英、俄、日、蒙、朝等语种）、吉林省少数民族等方面的译著几十部。

　　2021年3月，经教育部国别区域研究备案中心批准，吉林外国语大学东北亚研究中心正式设立。该中心将根据国务院关于全面振兴东北老工业基地建设和教育部新文科发展战略，依托我校"一带一路"语言文化服务协同创新中心、中外文化研究院和吉林国际发展研究院等科研机构，通过与国内外、省内外高校的交流与合作，努力打造东北地区语种最全、特色鲜明、传统领域与非传统领域相结合的国别区域研究基地，对东北亚区域的俄、日、韩、朝、蒙等五国的政治、经济、文化、教育、社会等领域开展实用性研究，并将此研究深度融入学科建设和新文科建设中，努力实现产、学、研、教一体化，科研、教研、资政一体化，学科专业特色与科研方向特色一体化，最终成为特色鲜明、国内具有影响力的东北亚国别区域研究重镇，成为在理论研究、咨询资政、信息研判等方面在有重要影响力的智库。

东北亚国别区域研究是学校学科建设重点方向之一，同时也是学校服务国家发展战略需求和发挥地缘优势所确定的科研特色。东北亚国别区域研究，凭借学科建设和科学研究的特色与优势，将成为我校建设高水平大学，走向民办非营利百年名校的重要战略任务。

基于上述明确定位和发展目标与实施计划，本中心特别推出《东北亚国别区域研究》，拟每年出版1辑，本辑包括"特稿""开放吉林特色研究""文化与文学研究""经济与社会发展研究""国际教育比较研究"五个栏目。我们希望《东北亚国别区域研究》能够及时展示东北亚国别区域研究的新成果，也期待能为国别区域研究领域提供新的建设性预案和学术参考。

目前，东北亚国别区域研究正方兴未艾，相关学术成果越来越多，有关研究正逐步走向成熟。我们欣喜地看到有更多的研究者参与到这一学术研究当中，这不仅象征着国别区域研究充满生机，也预示着将出现更多的学术突破。

机遇与挑战并存，希望与艰辛共生。唯愿与各位学者携手奋进，共同描绘出一幅东北亚"人类与自然和谐共生"的历史图景。

秦　和

2022 年 6 月 20 日

‖ 目录

特稿

"新文科"背景下外语专业东北亚国别区域研究学科体系的建立与人才培养

钟智翔[*]

摘要： 随着"新文科"建设的推进，以满足"一带一路"倡议对外语人才需求为目标的"外语＋"人才培养成为我国外语类专业教育、教学改革的重点。建立和强化外语专业东北亚国别与区域研究学科体系，培养东北亚国别与区域人才成为了东北亚语言专业人才培养的新方向。

关键词： 东北亚研究；国别与区域人才培养；课程体系与教学体系改革

"一带一路"倡议以来，中国加快了全方位对外开放的步伐，社会各界对外语专业国别与区域人才的需求也在进一步增加。因此，高等学校外语专业在建立东北亚国别与区域研究学科体系、培养通晓东北亚国家情况的国别与区域人才方面的工作显得更为重要。

* 钟智翔：(1966—)，男，教授，博士生导师，研究方向为国别区域研究，国务院学位委员会外语学科评议组成员、教育部外指委非通用语分委会副主任委员、国务院政府特殊津贴专家、中国非通用语教学研究会会长、信息工程大学外语学科领域首席专家。

一、东北亚国别与区域研究的学科内涵与学科定位

（一）东北亚国别与区域研究的学科内涵

学科是高等学校教学、科研的功能单位。学科建设包括学科定位（学科方向、发展层次）、学科队伍（学科带头人、学科梯队）、科学研究、人才培养、学术条件、学科管理六大要素。东北亚研究作为外语专业国别与区域研究的一个方向，学科概念和学术内涵上仍然较为模糊。一般来说，它包含了对东北亚国家和地区的人文社会科学知识以及相互关系的研究，呈现出跨学科研究的特质。从学科方向上看，东北亚研究应该包括东北亚国别研究和东北亚区域研究两个方向。东北亚国别研究，顾名思义是按国别进行的研究，包括日本研究、韩国研究、朝鲜研究、蒙古国研究、俄罗斯远东地区研究等多个次方向；东北亚区域研究是按地理区域进行的研究，包括东北亚整体研究和分项研究。从学科领域研究上看，东北亚国别与区域研究包括人文社科，如政治、经济、社会、文化、历史、民族、宗教等领域的研究，以及它们之间相互关系的研究。

（二）东北亚国别与区域研究的学科定位

在我国高等教育发展历程中，国务院学位委员会和教育部先后颁布了多份学科简介和学科目录，如 1997 年的《授予博士、硕士学位和培养研究生的学科、专业目录》、1998 年的《普通高等学校本科专业目录》、2011 年的《学位授予和人才培养学科目录（2011）》、2013 年的《学位授予和人才培养一级学科简介》等。目前，一些高等院校还有自设于民族学、历史学、政治学、经济学等学科之下的"国别与区域研究"二级学科。

在外国语言文学一级学科范围内，部分院校在亚非语言文学、日语语言文学、俄语语言文学等二级学科下设有东北亚国别与区域研究方向。东北亚国别与区域研究方向的设立依据是 2013 年由国务院学位委员会第六届学科评议组编写的《学位授予和人才培养一级学科简介》。该《简介》规定外语学科有五大方向，即外

国语言研究、外国文学研究、翻译研究、比较文学与跨文化研究、东北亚研究。[①]这也是迄今为止教育行政部门在学科目录中正式规定的学科方向。

学科定位来自其自身的学科属性。作为单独学科或学科方向的东北亚国别区域研究从一开始就具有跨学科性质，学科交叉性便是其基本属性。而作为外语学科的东北亚国别与区域研究，应如何从学科属性上与历史学、政治学、民族学、理论经济学等学科的东北亚研究拉开距离，一直是困扰外语界的问题。2013 年发布的《学位授予和人才培养一级学科简介》是这样定义外语专业的国别与区域研究的："借助历史学、哲学、人类学、社会学、政治学、法学、经济学等学科的理论和方法，探讨语言对象国家和区域的历史文化、政治经济社会制度和中外关系，注重全球与区域发展进程的理论和实践，提倡与国际政治、国际经济、国际法等相关学科的交叉渗透。"[②]笔者认为，外语专业的东北亚国别区域研究，从方法论上来看，是融合了语言文学理论方法的研究；从研究手段与研究工具上来看，外语作为工具和手段在研究中占有重要份额；从研究角度上来看，基于语言对象国家和区域的研究是研究切入的重点；从研究内容上来看，语言对象国家和区域的历史、文化、政治、经济、社会、中外关系等方面是研究的主要领域。这些要素构成了外语学科的东北亚国别与区域研究，与其他学科的东北亚国别区域研究有着本质上的不同。

二、东北亚国别与区域研究学科体系建立的原则

学科的建立必须遵循一定的原则，必须符合建设需求和大众期待。笔者认为，外国语言文学一级学科下的东北亚国别区域研究要有学科独立性就必须符合以下原则。

---

① 国务院学位委员会第六届学科评议组编《学位授予和人才培养一级学科简介》，高等教育出版社，2013，第 49 页。

② 国务院学位委员会第六届学科评议组编《学位授予和人才培养一级学科简介》，高等教育出版社，2013，第 51 页。

（一）科学性原则

东北亚国别与区域研究学科体系的建立必须坚持科学性原则。要以科学思想为指导，使学科的建立具有理论基础，不违背学理逻辑。此外，本学科要借鉴其他学科，特别是历史学、国际政治学、语言学以及其他固有学科的理论方法，建立起经得住实践检验的学科体系，使东北亚国别区域研究摆脱单纯依靠经验描写、不能深入分析问题、阐释现象的短板。

（二）系统性原则

系统性原则要求把东北亚国别区域研究视为一个整体的学科体系。要在建设过程中处理好各学科之间的关系，特别是逻辑顺序关系。在学科方向分类上，可以以国别和地区研究为经，以研究领域为纬，分为对东北亚国家或地区的整体的研究，以及对政治、经济、外交、社会、文化、历史、宗教、教育、安全等次级领域的研究两个部分。

（三）实用性原则

实用性原则指东北亚国别区域研究应该符合社会发展规律、满足社会发展的实际需要。国际环境的发展变化以及"一带一路"倡议的提出，带动了社会各界对实用型国别与区域人才的需要，因此，东北亚国别区域研究建设必须立足实用性原则，多做社会需要、深受好评的研究。例如，开展东北亚地区"一带一路"合作研究、东北亚国家国民性研究等富有现实意义的课题研究，服务于我国的对外交流和社会发展需求。

（四）人才需求导向原则

需求是一种机遇。"一带一路"倡议提出以来，社会各界不仅需要具备良好职业技能的人才，更需要能够支持中国企业走出去的、了解东北亚地区区域文化的技术型人才。这就要求我们培养以东北亚区域各国的国家语言为工具、以东北亚国别区域知识为背景的实用型人才，如会蒙古语、懂蒙古国文化习俗的金融人才，了解蒙古国民众消费心理、会蒙古语的商业销售人才等。区域各国的增加学科中的国别区域知识比例，提高学生外语交际能力，培养导向、以专业技术配置为基础的、职业型人才等，以此来细化东北亚国别区域研究学科体系和人才培养体系，带动外语学科科学发展。

三、实用型东北亚国别与区域人才的培养目标

按照《外国语言文学类专业本科教学质量国家标准》以及《普通高等学校本科外国语言文学类专业教学指南》，包括东北亚国别区域人才在内的东北亚外语人才要达到如下培养目标：培养具有良好的综合素质、扎实的外语基本功和专业知识与能力，掌握相关专业知识，适应我国对外交流、国家与地方经济社会发展、各类涉外行业、外语教育与学术研究需要的各语种专业型人才和复合型外语人才。

这类人才在素质方面，应具有正确的世界观、人生观和价值观，良好的道德品质，中国情怀与国际视野，社会责任感，人文与科学素养，合作精神，创新精神以及学科基本素养；在知识方面，应掌握外国语言知识、外国文学知识、东北亚地区各国文化常识，熟悉中国语言文化知识，了解相关专业知识以及人文社会科学与自然科学的基础知识，形成跨学科知识结构，体现专业特色；在能力方面，应具备外语运用能力、文学赏析能力、跨文化能力、思辨能力以及一定的研究能力、创新能力、信息技术应用能力、自主学习能力和实践能力。

东北亚国别区域人才可以分为实用型人才和研究型人才两类，而这两类人才都应以满足社会发展需要根本。当今社会已经进入到了知识经济时代，社会发展呈现出多样化、全球化的发展特征。这就要求外语专业东北亚国别区域人才的培养必须走宽口径、多样化、复合型的培养道路。本科阶段应以培养具有扎实外语功底的实用型东北亚国别区域人才为主，研究生阶段则以培养精通一门东北亚语言和一至多门通用外语的东北亚国别与区域研究人才为主。所有东北亚国别区域人才都必须具有扎实的外语功底、通晓对象国知识，并具有一定的专业技能。

因此，为了适应"一带一路"倡议的发展需要，东北亚国别区域研究在人才培养目标上既要要求学生掌握厚实的国别区域知识和广博的相关知识，又要要求精通英语和相关东北亚国家语言，建立起真正合理的知识结构来满足任职需要。具体来说，是培养具有坚实外语语言基础、复合知识结构、良好身心素质、较强

创新精神和创新能力、能够适应 21 世纪社会经济文化发展需要、能够胜任东北亚国别区域研究、"一带一路"倡议发展需要的国际化、复合型、高水平专业人才。

在实用型国别区域人才的培养方面，首先，其知识架构必须与实用技能相结合，形成"东北亚国别与区域知识＋多语言工具（英语／俄语／其他东北亚地区国家语言）＋专业技能"的复合知识体系。其次，要有扎实的英语／俄语或其他东北亚地区国家语言功底，精通东北亚地区各国的政治、经济、历史、文化等知识，要掌握相关的专业技能和职业技能。这是培养"一带一路"倡议发展视阈下东北亚国别区域人才的基础。

为了达到这一培养目标，学校一方面要促使学生打牢外语基本功、学好基础理论，另一方面还要督促他们学好东北亚地区各国的基本国情和基本理论，让他们受到良好的职业技能训练、掌握一定的科学方法，养成细致、踏实的优良学风和较强的科研、业务能力。

四、实用型东北亚国别与区域课程体系的建立

课程体系是为实现教育目标服务的。东北亚国别区域研究课程体系承载着传授知识、培养能力、提高素质的教育目标和育人功能。新文科背景下，为了加快培养适应全球化进程和"一带一路"倡议发展需求的高素质东北亚国别区域人才，需要加强国别区域课程的实用性和针对性，构建起融通识教育、专业教育和实践教育为一体的课程教学体系。因此，学校在课程设置上，要充分体现重视基础、突出实用、强调层次的教学理念，让不同层次、不同能力、不同兴趣爱好的学生都可以在东北亚国别区域课程体系中找到自己的所需所长。

对东北亚国别区域人才而言，专业教育课程是该课程的核心。它包括以下 3 个模块：一是以培养学生外语基本技能为主的专业基础课程；二是东北亚地区研究、东北亚地区各对象国相关的专业知识核心课程；三是适应全球化需要、能促进东北亚国别与区域人才全面发展的专业拓宽课程。因此，我们以东北亚国别区域研究对日本方向人才的培养为例，其课程体系可以做如下设置。

（一）必修课

必修课程为纯外语授课，主要包括 11 门专业基础课和 15 门专业核心课，共计 26 门国情知识、外语及相关课程。

专业基础课：基础日语、日语阅读、日语会话、日语视听说、日语语法、日汉翻译、基础英语、英语阅读、英语视听说、英语写作、英汉翻译。

专业核心课：日本历史、日本地理、日本政治、日本外交、日本宗教、日本法律、日本经济、日本社会与文化、日本民俗与礼仪、日本军事与国防、日中文化关系、日本英文报刊文选、对日贸易概况、商务日语、东北亚国际关系概论。

（二）选修课

选修课程主要为外语授课课程，包括 13 门限选课（分为专业基础课、专业核心课、专业拓展课）、13 门任选课（专业拓展课）、7 门自修课（专业拓展课），共计 33 门国情知识、外语及相关课程。

1. 限选课

专业基础课：日语概论、日语应用文写作、日本文学史、日本文学作品选读。

专业核心课：日本与东亚国家关系、日本行业经济概论、日美同盟、跨文化交际学。

专业拓展课：东北亚概论、"一带一路"概论、周边国家发展概论、地缘政治与安全、中国经济与对外贸易。

2. 任选课

专业拓展课：东方哲学史、政治学概论、当代西方思潮评介与批判、西方新制度经济学浅析、当代热点问题评析、中国通史、东北亚史、当代中国外交、近代国际关系史、国际法、学术论文写作指导、国际国内热点问题、外交礼仪、商务谈判技巧。

（三）自修课

专业拓展课：社会科学方法论、世界通史、全球化与国际安全、国际金融与贸易、国际经济组织、现代电子通信技术、信息与信息处理技术等。

东北亚研究方向硕士研究生设置 11 门课程（10 门课程和 1 门学术实践课），

共计 22 学分。具体课程包括区域通开课（6 学分）：国际区域学概论、朝鲜半岛问题研究、东北亚地区国际关系。以及国别研究课（14 学分）：日本政党政治研究、日本国家安全战略研究、日本对外关系研究、日本历史问题专题研究、中日关系史研究、日本宗教与文化问题研究、日本执政党研究。

五、东北亚国别与区域研究教学内容改革

教学内容是学校教育的基本要素，以教学计划、教学大纲、教材讲义、教学活动安排等具体形式表现出来的知识、技能、价值观念及行为。而教学内容的改革主要体现在建立针对性强、适应"一带一路"倡议发展和全球化人才发展需要的东北亚国别区域教材内容改革和教学活动改革层面上。

（一）以能力培养为核心，优化课堂教学内容

首先，在国别区域教学方面，改革传统的以教师讲授为中心的"填鸭式"教学模式，逐步建立起以学生为中心的教学模式，重视对学生的东北亚国别区域知识的传授和东北亚地区各国国家语言运用能力的培养，最大限度地挖掘学生的学习潜能和创造潜力。根据学生的实际情况，选择合适的学习材料让学生在课外自主学习，并有针对性地下达学习任务、设置学习目标，使教师教授的知识转化为学生的运用能力。

其次，用东北亚地区各国国家语言传授对象国的国情文化知识，注重实用性。使所授知识有助于增强学生对不同文化的理解，有意识地将语言知识和东北亚地区各国人民的日常生活、传统习惯知识讲授结合起来，使语言习得与文化习得、国别知识习得完美结合起来。

最后，教学中要穿插对学生创新能力的培养。创新能力是人类多种智慧共同作用的结果。一定意义上讲，若不具备一些最基本的能力，如学习能力、科学思维能力、科研能力等，也就不可能具有较强的创新能力。学生创新能力的培养是一个潜移默化的长期过程。教师要在教学中充分发挥学生的潜能和个性特长，把创新教育渗透到学生的学习活动以及每门课程的教学过程中。在低年级阶段，教

师要重视培养学生的学习能力，从教学内容入手，教授学生科学的学习方法。进入高年级阶段后，学生对东北亚地区各国国家语言和相关知识有了一定的积累，这时教师就可以指导学生做一些初步的研究。在教学实施过程中，教师须通过指导学生查资料、写小论文来培养学生的科研精神和创新能力。

（二）以知识传授为重点，改革现有的国别与区域教材体系

教材是知识和认知过程的传承工具。根据课程设置，东北亚国别区域人才的培养包括了专业基础课（外语课）、专业核心课（国情知识课）和专业拓展课（百科知识课）三类。专业基础课教材以教授东北亚地区各国国家语言为主。专业核心课教材以东北亚地区各国国家语言为载体、以国情为重点。专业拓展课类教材以实用技术为重点。教材的改革要以扩充知识、强化能力为目标，在内容上体现出对传统的继承和对新知识的吸收。

首先，要更新教材内容，反映出东北亚国别区域人才的培养特色。教材作为教师教学和学生学习的依据，是教学目的的具体化。其内容应与社会发展同步，适时反映东北亚国家社会发展的最新情况。要根据教学大纲和课程标准，在满足各项教学指标的前提下统筹兼顾、科学安排，使更新的教材在循序渐进的基础上体现出应有的深度和广度，使语言材料新颖、地道、科学性强，能为学生今后的工作做知识上的准备。

其次，要拓展教材的内容范围、扩大学生知识面、增厚学生的知识维度。由于专业的特殊性，在教材编写时拓展教学内容对东北亚国别区域研究的学生显得尤为重要。国外大学常常把学生在批判性思维、人文社科研究、地区研究等领域的学习、研究能力列入评价体系，并规定学生通过对对象国的政治、文化、历史等方面进行研究从而获取相应的学分，这一方式显示了以语言为基础、以国情为中心的知识能力培养体系的重要性。这也提醒我们，可以通过拓展教学内容来达到厚实教学基础的目的。

第三，新编配套教材要有立场，并能跟上新时代课程发展步伐。课程改革是一项长期的任务，改革必然要根据形势发展的需要，可以在原有课程体系的基础上进行裁剪并合，对部分课程内容做出增添、削减或合并。教材作为课程之本，

须反映其发展变化。因此，要针对课程体系的变化，编写出符合人才培养需要的，理论性、实用性、科学性俱佳的教材来。鉴于东北亚地区各国间文化和价值观的差异与认识上的不同，我们在编材时要特别注意教材的政治立场。在内容上，新编配套教材要与课程类型、课程定位挂钩，要在建立中国的东北亚国别区域研究话语体系的基础上，全面贯彻课程的思政要求，并在执行课程标准上下功夫，同时要科学、全面地体现东北亚国别区域人才的培养宗旨。

六、结语

在"一带一路"倡议的推动下，学术界正日臻完善东北亚国别区域研究的学科内涵，优化东北亚国别区域研究教学体系、课程体系和教材体系。笔者相信，只要找准了东北亚国别区域人才的教育目标定位，合理设置东北亚国别区域专业课程，灵活运用教学方法，进一步优化教学内容，就可以完全实现"培养熟悉东北亚国家国情的国别通、精通东北亚国家语言的翻译家、具有较高职业技能水平的工程师"的奋斗目标，为"一带一路"倡议的宏伟蓝图的构建贡献我们的力量。

参考文献

别敦荣：《大学教学改革新思维和新方向》，《中国高教研究》2020 年第 5 期。

樊丽明：《"新文科"：时代需求与建设重点》，《中国大学教学》2020 年第 5 期。

樊丽明：《新文科建设的内涵与发展路径——对"新文科"之"新"的几点理解》，《中国高教研究》2019 年第 10 期。

郭英剑：《论外语专业的核心素养与未来走向》，《中国外语》2019 年第 1 期。

胡春春：《应重视国别和区域研究学科化及人才培养》，《国别和区域研究》2017 年第 1 期。

蒋洪新：《推动构建中国特色英语类本科专业人才培养体系——英语类专业教学指南的研制与思考》，《外语界》2019 年第 5 期。

李晨阳：《关于新时代中国特色东北亚研究范式的思考》，《世界经济与政治》

2019 年第 4 期。

李晨阳:《区域国别研究的学科化》,《世界知识》2018 年第 2 期。

李建波、李霄垅:《外国文学和东北亚的交叉研究:国情研究专家的视角》,《浙江外国语学院学报》2019 年第 5 期。

李岩松:《贯彻全国教育大会精神,共促一流外语学科发展》,《外语界》2019 年第 3 期。

罗林、邵玉琢:《"一带一路"视阈下国别和区域研究的大国学科体系建构》,《新疆师范大学学报(哲学社会科学版)》2018 年第 6 期。

罗林、邵玉琢:《国别和区域研究须打破学科壁垒的束缚——论人文向度下的整体观》,《国别和区域研究》2019 年第 1 期。

彭青龙:《论外语学科方向变化新特点和内涵建设新思路》,《外语电化教学》2018 年第 3 期。

汪宁:《丝绸之路大文化背景下俄罗斯东欧中亚区域国别研究的学科构建》,《新疆师范大学学报(哲学社会科学版)》2017 年第 2 期。

王军哲:《新文科背景下外语类院校一流本科建设探索与实践》,《外语教学》2020 年第 1 期。

文旭、文卫平、胡强等:《外语教育的新理念与新路径》,《外语教学与研究》2020 年第 1 期。

"开放吉林"特色研究

吉林省边疆少数民族地区经济社会发展研究 *

彭明新 **

摘要： 本文以延边朝鲜族自治州、前郭尔罗斯蒙古自治县为例，梳理少数民族地区经济发展意义、成果以及国际交流与合作的外部环境、发展机遇，并分析以延边州为代表的少数民族地区应该如何融入我国"一带一路"发展战略，以谋求自身经济的发展。在全民脱贫、共建小康社会的背景下，推进吉林省边疆少数民族地区社会发展战略，稳步实现吉林省"十四五"期间各项发展规划与目标。

关键词： 吉林省；少数民族地区；兴边富民

一、引言

吉林省是地处边疆的多民族省份，境内共有汉族、朝鲜族、满族、蒙古族、回族、锡伯族等 56 个民族，少数民族人口 245.36 万人，占全省总人口的 9.15%。①我国朝鲜族主要分布在东部的延边、吉林、通化、白山等市州，蒙古族和锡伯族则主要分布在西部的白城市和松原市，满族、回族则以长春、吉林、通化、四平

* 项目来源：本论文为吉林省民族学会 2020 年科研课题"吉林省边疆少数民族地区经济社会发展研究"阶段成果。

** 彭明新（1964—），男，吉林外国语大学东北亚研究中心教授，硕士导师，研究方向为东北亚问题与研究、翻译与应用研究。

① 数据来源：https://wenda.so.com/q/1392002813066611?src=180&q=吉林省边疆少数民族地区。

市居多。近年来，吉林省少数民族地区的教育发展效果显著，经济、政治、文化等均有了长远的发展，但与较发达地区相比还存在很大差距，特别是教育贫困的现象依旧存在。针对吉林省少数民族地区教育贫困的问题，政府相关部门在探究导致吉林省少数民族地区教育贫困成因的同时，也在不断地创新教育扶贫的政策，取得了一定的成效。

吉林省具有沿边近海优势，是全国9个边境省份之一，是国家"一带一路"倡议向北开放的重要窗口。吉林省东端的珲春市最近处距日本海仅15千米，距俄罗斯的波西耶特湾仅4千米，是吉林乃至中国对外贸易、对外交流的重要通道。吉林省具有老工业基地振兴优势，加工制造业比较发达，汽车、石化、食品、装备制造、医药健康为五大重点产业，尤其是汽车、高铁制造在国内处于领先水平。同时，吉林省是国家重要的商品粮生产基地，地处享誉世界的"黄金玉米带"和"黄金水稻带"，人均粮食占有量、粮食商品率、粮食调出量及玉米出口量连续多年居全国首位作为吉林省是国家生态建设试点省，吉林省内有自然保护区51个。长白山自然保护区被联合国确定为"人与生物圈"自然保留地，孕育着东北虎、东方白鹤等国际濒危野生物种。2021年，吉林省全年全省实现地区生产总值13235.52亿元，按可比价格计算，比上年增长6.6%，两年平均增长4.4%。①

因此，在全民脱贫、共建小康社会的背景下，推进吉林省边疆少数民族地区社会发展与研究的意义重大。

二、新时期做好边疆少数民族地区经济社会发展意义重大

（一）发展吉林省边疆少数民族地区经济社会的历史意义

吉林省有四个民族自治地方，即延边朝鲜族自治州、前郭尔罗斯蒙古自治县、长白朝鲜族自治县和伊通满族自治县。吉林省主要分布的少数民族主要是满族和朝鲜族。满族人口总数为1068.2万人，在中国55个少数民族中居第二位。满族有自己的语言、文字，东北地区的"白山黑水"是满族的故乡。朝鲜族是东亚地

---

① 数据来源：吉林省人民政府办公厅，http://www.jl.gov.cn/sq/msjl_161909/mzfb/20220609。

区的主要民族之一，其民族语言为朝鲜语。朝鲜族自古有"白衣民族"之称，自称"白衣同胞"，聚居在我国东北地区，成为中华民族绚丽多彩的大家庭中不可或缺的一员。中国人民银行 1987 年发行的第四套人民币贰角的正面图案便有朝鲜族。现今的中国朝鲜族主要聚居于东北地区的吉林延边朝鲜族自治州，而长白朝鲜族自治县更是因为地理位置得天独厚、自然条件优越，加上历史原因，成为现今朝鲜族民族风俗、乡土习惯和人文风貌保存得最为完好的地方。

吉林省有四个民族自治地方，即延边朝鲜族自治州、前郭尔罗斯蒙古族自治县、长白朝鲜族自治县和伊通满族自治县。这四个自治地方少数民族人口约103.40 万人，占吉林省少数民族人口的 47.31%，为全国民族自治地方总人口的30.18%。吉林省的散居地区少数民族人口 115.17 万人，占全国少数民族总人口的52.70%，为散居地区总人口的 4.8%。吉林省还设有 33 个民族乡（镇）和 1 个享受民族乡待遇的镇。①

在新时期，加快少数民族地区经济社会发展，如期实现民族地区同步小康社会目标，加强少数民族地区交往交流交融，巩固和发展平等、团结、互助、和谐的社会主义民族关系，促进各民族共同团结奋斗、共同繁荣发展和维护边境地区稳定和安全具有重要和深远的历史意义。

（二）发展吉林省边疆少数民族地区经济社会的现实意义

首先，加快边疆少数民族地区经济社会发展是加快全国经济增长、推进实现全民小康发展目标的重要途径。边疆少数民族地区经济社会发展的快慢，直接影响到国民经济发展所需资源的保证程度，民族地区的经济振兴有利于扩大国内市场的规模与容量，从而增强国内经济增长的需求动力。

其次，加强边疆少数民族地区生态建设，是实现我国可持续发展战略的重要途径。发展生态经济发展，将促进国民经济结构的调整，既有利于我国实现产业结构的合理化和资源的科学配置，又有利于改善我国的生态环境，促进区域经济的协调发展。

---

① 数据来源：《吉林省少数民族与民族地区"十三五"发展规划》，https://www.docin.com/p-1953238009.htm。

最后，加快边疆少数民族地区经济社会发展，是实现我国民族团结和边疆少数民族地区稳定的重要战略部署。我省少数民族地区人口大多居住在边陲地带，战略地位十分重要。边疆少数民族地区经济文化较为落后，与国内大多数地区经济社会发展不匹配。因此，加快吉林省边疆少数民族地区经济社会发展，将为吉林省现代化建设提供稳定的政治和社会环境。

三、吉林省推进边疆少数民族地区经济社会发展取得的成果

在新时代、新征程的时代背景下，吉林省在推进边疆少数民族地区经济发展上取得了显著成果。培育壮大战略性新兴产业，是深化供给侧结构性改革、落实创新驱动发展战略的重要抓手，是产业转型升级、新旧动能转换的重要支撑，同时也是加快构建新发展格局、推动高质量发展的核心动力，为吉林省边疆少数民族地区经济社会发展指明了方向。吉林省"十四五"重点专项规划，按照省委、省政府部署要求，省发展改革委负责编制了《吉林省战略性新兴产业发展"十四五"规划》（以下简称《规划》）。科学编制和实施《规划》，是加快全省战略性新兴产业高质量发展的重要举措，是贯彻"一主六双"高质量发展战略的重要依托，是实现"两确保一率先"目标的重要手段，对于强化战略型新兴产业在吉林全面振兴全方位振兴中的支撑作用具有重要意义。

（一）延边朝鲜族自治州

1. 延边朝鲜族自治州概况

延边朝鲜族自治州位于吉林省东部，幅员 4.27 万平方千米，约占吉林省的四分之一。总人口 204.66 万人，其中朝鲜族人口 73.3 万人，占全州总人口的35.7%，是我国唯一的朝鲜族自治州和最大的朝鲜族聚居地区。自治州成立于1952 年 9 月 3 日，下辖延吉、图们、敦化、珲春、龙井、和龙 6 市以及汪清、安图 2 县，首府为延吉市。延边州民风淳厚，州内朝鲜族能歌善舞，尊老爱幼，注重礼仪，崇文重教，各族群众热情好客，素有"礼仪之乡""歌舞之乡""教育之

乡""足球之乡"的美誉。①

从国际视野来看，延边州地处中俄朝三国交界，东与俄罗斯滨海边疆区接壤，南隔图们江与朝鲜咸镜北道、两江道相望，边境线总长 768.5 千米。其中，中朝边境线 522.5 千米，中俄边境线 246 千米。延边州濒临日本海，图们江是我国通向日本海的唯一水上通道。延边州最东端的珲春防川，距日本海仅 15 千米。以珲春市为核心，延边州在直线距离不到 200 千米的周边，分布着俄、朝等国的 10 个优良港口。州内有 11 个对俄对朝口岸和 1 个国际空港，年过货能力达 610 万吨，过客能力达 290 万人次。经过多年的建设，延边州已初步形成了铁路、公路、航空、海运等方面方式相互衔接、沟通内外的立体交通网络。海运方面，延边州内开通了珲春—俄罗斯扎鲁比诺—韩国束草国际陆海联运航线，以及珲春市经朝鲜罗津港至我国上海（宁波）的内贸货物跨境运输航线。航空方面，延边州内开通了至北京、上海、广州、深圳和韩国首尔、朝鲜平壤、俄罗斯符拉迪沃斯托克等多条国内国际航线。②

2.延边朝鲜族自治州经济社会发展成果

2021 年是延边朝鲜族自治州成立 69 周年。这些年来，延边州各族人民艰苦奋斗，用自己勤劳的双手和自强不息的拼搏精神，取得了经济社会发展的巨大成就。新时代、新征程，延边人加快发展的步伐，正朝着建设富庶、开放、生态、和谐、幸福延边的宏伟目标，阔步前进。他们将站在新的历史起点上，不断推进工业现代化，不断提高经济增长的质量和效益，为全州经济高质量跨越式发展作出新贡献。

表 1 延边朝鲜族自治州 2021 年主要经济社会发展状况

序号	指标名称	增速（%）
1	地区生产总值	8.1
2	服务业增加值	8.8
3	规模以上经济增加值	9.4
4	固定资产投资	19.5

---

① 数据来源：延边州人民政府网站，http://www.yanbian.gov.cn/zq/ybgk/20220627。

② 数据来源：延边州人民政府网站延边州概况，http://www.yanbian.gov.cn/zq/ybgk/ 延边州概况。

序号	指标名称	增速（%）
5	社会消费品零售总额	9.4
6	限额以上社会消费品零售额	16.8
7	5000万元以上固定资产投资项目个数	65.0

数据来源：《延边朝鲜族自治州 2021 年政府工作报告》，http://www.yanbian.gov.cn。

（二）前郭尔罗斯蒙古族自治县

1.前郭尔罗斯蒙古族自治县概况

前郭尔罗斯蒙古族自治县正北隔嫩江为黑龙江省肇源县；东北以松花江为界与扶余县隔江相望；东南与农安县接壤；西南与长岭县为邻；正西与乾安县毗连；西北与大安市交界。县城处于松原市城规划区内，与宁江区接地相邻。在新能源项目建设、现代种业发展及肉牛产业发展等方面取得了显著成果。

2.前郭尔罗斯蒙古族自治县经济社会发展成果

在新能源项目建设上，按照吉林省委省政府部署，前郭尔罗斯蒙古族自治县抢抓"碳综合碳达峰"发展机遇，加快发展新能源项目，推动吉林省油田转型升级、创新发展，打造国家清洁能源生产基地；加快建设良种繁育体系，强化现代农业科技支撑，为吉林全面振兴全方位振兴贡献力量。

在现代种业发展上，前郭尔罗斯蒙古族自治县对土壤剥离、运输、存储、管理、使用等加强监管，防止出现环境污染、水土流失、土壤质量退化和安全隐患，实现耕地数量、质量、生态三位一体保护的有机统一，把黑土地保护各项措施落到实处。持续做好玉米等种质资源研究、新品选育等工作，进一步做大做强。强化科技攻关，做好技术储备。最后，加强与中科院等各大院校和头部企业深度合作，吸引一批尖端人才，引进更多优质种质资源，抢占种业发展制高点，为实施"藏粮于地、藏粮于技"战略提供重要支撑。

在肉牛产业发展方面，前郭尔罗斯蒙古族自治县以特色求发展，坚持以"查干花肉牛"育种为起点，加快建立基因数据库，引进国际优质品种，推动基础母牛扩群增量，扩大核心优质肉牛种群，把现代生物工程技术应用到繁育过程当中，推进优质种质资源保护研发利用，从源头保证肉牛品质。同时，坚持市场导向，扩大养殖规模，打造高端品牌，推动全产业链发展，并加强与国内相关科研院校协同合作，开展联合攻关和人才培养，推动吉林省肉牛产业的高质量发展。

前郭尔罗斯蒙古族自治县综合经济指标显著提升（2021年数据），其社会生产总值163.6亿元，规模以上工业总产值52.5亿元，固定资产投资额43.9亿元，社会消费品零售总额31.9亿元，地方级财政收入8.9亿元。前郭尔罗斯蒙古族自治县连续六次被国务院授予"全国民族团结进步模范集体"荣誉称号，被国家民委评为"民族团结进步创建活动示范县"，被全国普法办评为"法治创建工作先进县"。

表2 前郭尔罗斯蒙古族自治县2021年主要经济社会发展情况

序号	指标名称	数据（亿元）
1	社会生产总值	163.6
2	规模以上工业总产值	52.5
3	固定资产投资额	43.9
4	社会消费品零售总额	31.9
5	地方级财政收入	8.9

数据来源：《前郭尔罗斯蒙古族自治县2021年政府工作报告》，https://www.doc88.com/p-15429215599684.html。

（三）长白朝鲜族自治县

1.长白朝鲜族自治县概况

长白县位于吉林省东南部，长白山主峰南麓，鸭绿江源头，素有"长白山下第一县、鸭绿江源第一城"之美誉。全县幅员2505.96平方千米，辖7镇1乡77个行政村和1个省级边境经济合作区、1个省级硅藻土特色工业园区，截至2020年末户籍总人口75497人，其中朝鲜族占16.7%，是全国唯一的朝鲜族自治县。

2.长白朝鲜族自治县经济社会发展成果

长白朝鲜族自治县总体呈现六个特点：历史文化悠久、生态环境优良、自然资源丰富、民族风情浓郁、边境特色鲜明、地理位置独特。长白朝鲜族自治县以习近平新时代中国特色社会主义思想为指导，2021年，实现地区生产总值38.7

亿元，比 2016 年增长 18.8%；社会消费品零售总额实现 7.8 亿元，比 2016 年增长 10.6%；城市居民人均可支配收入达到 25887 元，比 2016 年增长 28.2%。[①]

表 3　长白朝鲜族自治县人民政府 2021 年经济社会发展状况

序号	指标名称	数据（亿元）	比 2016 年增长幅度（%）
1	地区生产总值	38.7	18.8
2	社会消费品零售总额	7.8	10.6
3	城市居民人均可支配收入	0.25887	28.2

数据来源:《长白朝鲜族自治县人民政府 2021 年信息公开年度报告》。

（四）伊通满族自治县

1. 2021 年度经济社会发展状况

2021 年，伊通县克服经济下行压力和疫情影响，地区生产总值、地方级财政收入、财政支出较 2016 年同口径分别增长 50%、11.3%、79.9%。城乡居民人均可支配收入较 2016 年分别增长 37.9%、46.4%。伊通县五年内实施重点项目 316 个，其中亿元以上项目 96 个，并争取到中央、省财政专项资金 66.3 亿元。同时，成功引进 40 个总部经济项目，招商引资到位资金 119.02 亿元，年均增长 23%。伊通县开发区晋升为省级开发区，可承载全县 75% 以上产业类项目，县域经济综合实力从 28 名晋升到 22 名。[②]

表 4　伊通满族自治县人民政府 2021 年经济社会发展状况

序号	指标名称	比 2016 年增长幅度（%）
1	地区生产总值	50
2	地方级财政收入	11.3
3	财政支出	79.9
4	城乡居民人均可支配收入	37.9 和 46.4

数据来源:《伊通满族自治县人民政府 2021 年发展报告》。

---

① 数据来源:《长白朝鲜族自治县人民政府 2021 年政府信息公开工作年度报告》，http://www.changbai.gov.cn/zwgk/zfgzbg/202202/t20220214_711156.html。

② 数据来源:《伊通满族自治县人民政府 2021 年发展报告》。

2. 新时期生态绿色发展潜力巨大

近年来，伊通县政府首先坚持把实施乡村振兴战略作为新时代"三农"工作总抓手，加快推进农业高质高效、乡村宜居宜业、农民富裕富足。同时，伊通县政府深入实施品牌强农战略，全力打造"伊通大米"等靓丽名片，让高附加值的优质农产品全面打入长春、进入全国市场。伊通县政府还探索应用"公司＋农户＋基地"经营模式，扶持壮大一批生产规模大、带动能力强、示范作用好的家庭农场、合作社，以黄牛活体抵押和"金融服务质效提升行动助力千万头肉牛建设试点工程"为契机，促进全县标准化、规范化、规模化养殖，从而加快新型城镇化进程，吸引产业集聚和人口集中。此外，县政府还深入开展农村人居环境集中整治，强力推进"千村示范"创建，实施农村公路三年改造提升计划，谋划建设 50 个试点村，畅通农村资源路、产业路、旅游路，逐步实现户户通。最终，巩固拓展脱贫攻坚成果与乡村振兴有效衔接，全面落实强农惠农富农政策，拓展收入来源，多渠道提高经营性收入，增加工资性收入，拉动财产性收入，实现城乡共同富裕。

其次，县政府在发展理论上贯彻"两山论"，培育新业态，大力实施绿色生态涵养赋能工程。牢固树立"绿水青山就是金山银山"理念，使生态环境保护和生态旅游相得益彰，推动生态优势加快转化为生态效益。以伊通河为重点，推动绿水长廊建设，携手打造河湖生态系统、湿地保护系统，提升生态承载力。依托火山群、河源两个自然保护区生态资源优势，在保护区内做"减法"，在保护区外做"加法"，大力发展田园风光、旅游休闲、健康养生、乡村生态等绿色产业，以"含绿量"提升"含金量"。加大废弃矿山生态修复力度，创建国家绿色矿业发展示范区，带动山水林田湖草沙一体化修复涵养，持续扩大生态环境优势，深化大气污染联防联控，加强流域水污染防治，推进城乡环境综合治理，践行绿色低碳发展理念，让伊通县天蓝水碧山青，成为长春城市之肺。

今后五年，伊通县的发展预期目标是：全县生产总值突破 160 亿元，年均增长达到 10% 以上，三产比重调整到 25 : 35 : 40；一般预算全口径财政收入突破 7.2 亿元，年均增长 5%；地方级财政收入达到 4.1 亿元，年均增长 5%；固定资产投资年均增长 10%；社会消费品零售总额年均增长 8%；城乡居民人均可支配收入年均分别增长 6.7% 和 8.2%，综合经济实力进入全省第一梯队。

四、抓住发展的机遇期

"十四五"时期，我国发展依然处在重要机遇期，发展内涵发生了深刻变化，持续发展具有多方面的优势与条件，同时也面临着新矛盾与新挑战。

（一）外部环境

从整体外部发展环境来看，未来世界正在经历百年未有之大变局。现今，新一轮的科技革命和产业发展导致国际环境正在发生重大改变，各国之间的经济对比也随之发生着重大变化，其不稳定性与不确定性也明显增强。从国内发展环境来看，我国已经转向高质量发展阶段。因此，加快建设与发展经济体系，加快建设国内发展运行大环境为主线，加快构建国际国内发展双循环相互促进的新发展格局，推进国家治理体系和治理能力的现代化是我国未来一段时期的重要工作。从我国的发展现状来看，供给侧结构改革持续形成有效供给，进而推动市场走向新的均衡。同时，科技进步持续改善生产方式和生活方式，进而不断催生新的消费需求和投资需求。因此，生态资源价值和绿色农业潜能也随之被逐步释放，"绿水青山就是金山银山"的发展理念的价值和生态产品的升值不断凸显，发展中的创新、转型与区域一体化融合成为经济社会发展的焦点。

从吉林省边疆少数民族地区经济社会发展定位来看，地区内需要建立具有典型生态系统特征的生态环保型效益的经济发展模式，并建立东西部生态经济发展示范区。另外，在致力开创经济全面振兴全方位振兴的新局面的同时，打造国家绿色优质粮食生产基地，现代农业高质量发展示范区，成为国家生态系统在东北地区的重要生态屏障。因此，为建成吉林省新型工业、新型农业发展示范区，吉林省边疆少数民族地区必然是实现上述目标的主力军。

（二）发展机遇

1. 内部环境

保护生态和发展生态旅游须相得益彰。吉林省政府要坚持以生态优先、绿色发展为导向，走高质量发展的新道路，支持边疆少数民族地区建设生态优先绿色发展示范区，贯彻落实习近平总书记提出的发展要求，确立少数民族地区发展定位。吉林省边疆少数民族地区生态环境优良、旅游资源丰富、农业资源富足，是吉林省生态经济区的重要组成部分。建设吉林省特色生态农产品加工转化示范区，打造"绿水青山就是金山银山"实践创新基地，形成创新绿色发展的体制与机制，在少数民族地区走出一条生态优良、经济繁荣、生活富裕的绿色发展之路。

同时，省政府要加强与东北亚地区周边国家的交流与合作，吸引并推介相应国家的优质资源，推动双方在现代农业、医疗健康、智能制造等领域的合作，为吉林省少数民族地区的经济社会发展服务。

2. 推进生态文明建设

省政府要坚持不懈地推进生态环境建设，加强民族地区重点区域、流域生态建设和环境保护，构建以草原、湿地和天然林为主体，生态系统良性循环、人与自然和谐相处的生态安全屏障。在东部长白山生态功能区，继续推进天然林保护、退耕还林，稳步推进生态移民，恢复和保护森林自然生态系统。在西部地区，实行以草定牧，保持天然草原面积，恢复草原生态。全面提升森林、河流、湿地等自然生态系统稳定性和生态服务功能。建立和完善民族地区资源开发和生态保护补偿机制。同时，吉林省政府还深入开展生态文明宣传教育，大力普及生态环保知识，推动形成绿色消费模式，增强全社会资源环保意识，营造良好社会氛围，使珍惜资源、保护生态成为民族地区的主流价值观。

五、结论

吉林省边疆少数民族地区经济社会发展要以吉林省"十四五发展规划"为引领，抓住全民共建小康社会机遇期，以经济和社会发展总体思路、发展目标和战略任务，突出总体发展战略意图、工作重点和优先发展领域，体现经济社会发展战略性、前瞻性和指导性，实现经济社会发展总体目标，农业农村经济稳中前行，重点产业持续发力，服务业创新发展，生态环境围绕"碳综合碳达峰"发展目标，加快对外开放步伐，大力实施"走出去"，不断拓展对外合作领域与空间，稳步推进各项发展目标，为国家和吉林省第二个百年发展目标做出应有贡献。

伴随着经济全球化与新一轮科技革命，无论是发达国家还是发展中国家，无论是全球还是东北亚地区，都比以往任何时候更加需要多边合作。在我国以发展高水平开放型经济为重要目标的背景下，吉林省要以深化自身改革开放为重要基础，进一步将本省的发展与国别区域间的发展相融合。吉林省要从经济全球化的参与者逐步转变成为推动者，为推动东北亚自由贸易进程与东北亚区域经济贸易合作做出重要贡献。在国家和东北三省各具特色的新一轮开放战略拉动下，吉林省边疆少数民族地区不仅要在对外经贸合作中为东北的全方位振兴夯实基础，也要努力成为中国扩大开放的重要支撑和平台。

参考文献

边香顺：《吉林省"兴边富民行动"研究——基于延边朝鲜族自治州的思考》，延边大学硕士学位论文，2010。

纪严：《吉林省少数民族地区教育贫困成因及扶贫政策研究》，《中国校外教育》2014 年第 31 期。

朴春燕：《新时代中国少数民族地区经济发展研究——以延边朝鲜族自治州为例》，《今日财富》2019 年第 14 期。

王丽红：《吉林省民族自治地方旅游产业发展对策研究》，《经济视角》2012年第 12 期。

《长白朝鲜族自治县 2021 年政府信息公开工作年度报告》，http://www.changbai.gov.cn/zwgk/zfgzbg/202202/t20220214_711156.html。

《前郭尔罗斯蒙古族自治县：国民经济和社会发展第十四个五年规划和 2035 年远景目标纲要》，https://www.doc88.com/p-15429215599684.html。

《通满族自治县 2021 年政府信息公开工作年度报告》，http://www.yitong.gov.cn/xzf/gzbg/202112/t20211202_599960.html。

RCEP 协定背景下吉林省与
日韩文旅产业合作机遇与对策*

苑海龙　胡俊颖**

摘要：2019 年，正值中日韩合作二十周年，第八次中日韩领导人会议在成都召开。中日韩地区合作不仅能维系东北亚地区各国的稳定关系，还能促进该地区的经济发展与繁荣。2022 年 1 月 1 日，《区域全面经济伙伴关系协定》（即 RCEP 协定）正式生效。吉林省从二十世纪八九十年代，一直重视与日本、韩国经贸往来，积极打造中日韩产业园平台建设，同时壮大旅游产业总体规模，大力发展跨境旅游，与中日韩文旅企业加大合作。本研究在 RCEP 协定背景下，以中日韩文化旅游业区域合作为背景，研究吉林省与日本、韩国文化旅游合作发展历程为基础，优化日韩两国与吉林省文化旅游的空间布局，以旅游的方式促进国家间合作，实现吉林省的经济振兴，努力成为"向北开放"的前沿窗口。

关键词：RCEP 协定；吉林省；日本；韩国；文旅合作

---

* 项目来源：2022 年度中国服务贸易协会研究课题《国际合作示范区建设背景下中日韩文旅产业合作研究》，课题编号 FWMYKT—202202。

** 苑海龙（1987—），副教授，吉林外国语大学研究生导师，国际冰雪经济研究院院长，研究方向为东北亚文化观光、中韩旅游比较；胡俊颖（1996—），吉林外国语大学在读研究生，研究方向为文化旅游。

一、吉林省国际旅游的历史背景

吉林省位于中国的东北部，并与俄罗斯、朝鲜接壤，地处东北亚地区版块中心位置，与日本隔海相望。距日本海仅 15 千米，是东北亚地区的经济贸易集散地。吉林省与日本，朝鲜半岛的交往历史，可追溯至唐朝时期，当时吉林省的地方民族政权渤海国，在位于现在的珲春市开辟"日本道"，通过海上运输形式，与日本、新罗进行文化与贸易往来，形成了早期的东北亚地区商务旅行、宗教旅行的开端。1929—1931 年期间，每年都有近千艘货船通过吉林珲春开往日本、朝鲜进行贸易往来，促成了中外商贾云集、多元文化交融的东北亚海上经济中心。

吉林省与日本、韩国先后在二十世纪七八十年代恢复联系，特别是吉林省国际友好城市建立联系后，部分日本民间友好人士到吉林参观访问，吉林省内的朝鲜族群众也开始与韩国的亲属接触往来，探亲叙旧。这一时期，吉林省与日韩的旅游方式，主要有团体观光和商务洽谈两种方式。从 2009 年开始，吉林省政府先后赴日本、韩国进行企业推介，航空旅游成为合作亮点。2017 年，吉林省的日资、韩资企业已近 800 家。吉林省对日、韩贸易分别增长 21.9% 和 24.5%。日本、韩国政府也积极响应"大图们倡议"，多次参加吉林省组织的图们江三角洲国际旅游合作区建设会议，通过合作，实现"一核辐射、中俄朝蒙韩日六国联动"的构想。

吉林省和日本的宫城县、鸟取县、岛根县、仙台市、千岁市分别缔结了友好关系。同时，吉林省与韩国的江原道、忠清南道、忠清北道以及京畿道等众多地区缔结了友好交流关系，今年，吉林省与韩国江原道冰雪旅游合作也将更加紧密。

二、日本文化旅游资源发展概况

近代日本旅游业兴起于 1905 年。当时，日本旅行会组织游客参观高野山历史古迹，掀起了日本市民文化观光的热潮。1930 年，日本铁道省设立国际观光局，同时分别成立国际观光协会、日本旅游地联合会等社团组织。1945 年，日本战败后，为迅速发展经济，增加外汇收入，当时一批日本的有识之士，如松下幸之助等日本经营界人士呼吁政府重视观光事业。此后，日本内阁相继颁布《旅游业法》《涉外翻译导游法》《国际旅游振兴法》等法规，促进日本的旅游发展。

二十世纪六七十年代，日本首相府设立"观光政策审议会"，作为最高文化观光审议机构，随着东京奥运会和大阪博览会的召开，吸引了更多前往日本观光的游客。二十世纪八九十年代，日本的文化旅游发展主要集中在休闲产业、主题公园、度假区等方面。这一时期，较为著名的有东京迪斯尼公园、长崎异国风情区、新潟"雪之乡"等国际观光区。2003 年，日本政府为缓解经济危机带来的影响，拉动经济消费，提出了"观光立国"战略，同时加快提升服务质量、培育和强化文字、声音、影像、游戏软件等为影视剧、动画、漫画、音乐、体育、艺术等产业与观光旅游融合。在创新产业旅游、康养旅游、保护国立公园和世界自然遗产、生态旅游等方面，日本也取得了诸多成绩。

日本文化遗产（文化财），包含文化、历史、学术等人文领域，也有动植物景观等"自然遗产"。其中，物质文化遗产为重要文物、国宝、登记文物三类，非物质文化包括戏剧、音乐、工艺技术等。日本民俗文化遗产包括民间风俗习惯、民间艺术、工艺和艺术品制作等。日本文化旅游景观一直是"观光立国"重要载体，其中以温泉休闲、动漫文化、饮食文化作为境外游客的首要选择对象。

日本温泉休闲产业发展已经有 100 多年的历史。日本温泉旅游不仅是康养旅游的重要组成，同时也融入了历史遗迹、民俗文化、料理饮食，成为亚洲别具一格的休闲文化产业。日本温泉休闲的开发需要优质的良好环境、健康的饮食、别具一格的民间建筑。这类温泉主要分布在山涧溪谷、田园等自然环境优美的地方，同时这类地区都有大量的文化景观。文化景观区除建有温泉健康馆、温泉保养馆等休闲设施外，还开辟有散步小径、探险道路和展现地域自然、传统文化的博物馆、美术馆等设施。在这些文化景观变得有名的过程中，电视和电影等媒体的影响力很大。例如，在北海道也有很多地区作为观光地而变化的过程中，很多游客为了体验电视和电影设定的故事而来。

日本动漫旅游产业开始于 20 世纪 90 年代，经历了经济震荡的日本企业界开始探索本土的日本动漫产业与文化旅游相结合。日本动漫文化旅游以展馆、乐园、节会、综合为载体。日本"动漫＋文化旅游＋特色小镇"成为日本文化观光业的重要发展模式，同时，日本政府推出了88个"动漫圣地"，用来带动旅游业发展。其中，最为著名的有静冈县的樱桃小丸子主题博物馆、日本鸟取县的柯南博物馆、爱知县的奥特曼俱乐部、海贼王主题公园等动漫文化景观，日本各地每年举办的动漫展、动漫真人秀等活动，也吸引了数以万计的海外游客赴日参加。2022年，日本也将建造成第一座宫崎骏动漫主题公园，建成后势必带来日本入境旅游高潮。

日本的饮食文化多受外来文化影响，日本料理分为"和食"和"洋食"两类。2013年，日本"和食"被注册为"联合国教科文组织无形文化遗产"。"和食"料理中展现了自然的美丽和季节的变迁，并且有其独特的味道。"和食"作为日本的传统饮食文化，其特征在于融合了自然环境特点，并均衡了食材本身的营养。由于日本城市多临海，食材多为鱼类、海藻类，其丰富而优质的水源令煮菜、蒸菜、拌菜、汤菜等使用水的烹饪方法发达起来，因此，日本料理的饮食基本形式以"饭、汤、菜、酱菜"为主。日本家庭在向下一代传达日本饮食文化的饮食教育中，也要求料理人在制作过程中进行模仿、反复体验训练。所以，境外游客品尝日本美食、学习制作工艺也成为体验日本文化旅游的首选项目。

三、韩国文化旅游资源发展概况

20世纪60年代，韩国政府通过了"全国旅游发展总体规划"，开始加快发展入境观光产业，大力推进公用事业和基础设施建设，为韩国发展旅游业奠定了良好的环境基础。韩国旅游的最高权威机构是于1962年成立的韩国观光公社（韩国旅游发展局）。从20世纪70年代开始，旅游业正式发展为韩国的国家战略产业，韩国也加入了太平洋地区旅游协会和世界旅游组织，奠定了旅游业国际合作的基础。20世纪80年代，汉城奥运会的举行，更是将文化旅游推向世界。20世纪90年代，韩国流行音乐、影视剧开始风靡亚洲，带动了文化旅游的发展。1998年，金大中总统发表了《文化大总统宣言》。基于此，韩国政府为了复兴趋于低迷的韩国经济，把文化产业作为21世纪的基本产业进行培育，把文化产业的发展作为国家战略实施法律制度上的制定和支援体制上的整备。

2005 年 7 月，韩国政府制定了文化强国战略，将文化旅游产业定为国家的关键战略产业之一，将旅游产业作为韩国"文化强国"战略中的主导产业。韩国将"文化立国"作为发展战略之一，并且设立了"文化产业局"来发展文化产业，其下设"文化产业振兴院"，它的主要任务是发展文化创意内容，创造文化产品，该机构在许多国家和地区设立办事处，专门宣传韩国旅游文化，将文化和旅游相互融合，这一整合极大地促进了韩国文化旅游的协同发展。

韩国文化旅游类型有六种：文化遗产古迹、博物馆、旅游主题线路和主题公园、历史文化活动和艺术表演活动。其中韩国世界文化遗产的价值被收录进世界遗产的韩国文化遗产共计 11 件，包括：宗庙（1995 年），海印寺及八万大藏藏经处（1995 年），佛国寺和石窟庵（1995 年），水原华城（1997 年），昌德宫（1997 年），庆州历史区（2000 年），高敞、和森和江华支石墓遗址（2000 年），朝鲜王朝皇家陵墓（2009 年）和韩国古村落（河回和阳东）（2010 年），南汉山城（2014 年）等。

韩国影视文化发展三十年来，取得了惊人的成绩，影视文化迅速传遍世界。同时，将美容美发行业、时装、奢侈品等潮流也带动起来。2015 年，韩国文化产业出口额达到 28 亿美元，同比前年增长 13.4%。其中，韩国电影的出口额增长速度最快，其次为电视广播与音乐产品的出口。韩国影视产品已经登陆欧洲和北美市场，并确保占有一席之地。借助热播的影视作品发展文化旅游，也是韩国旅游文化的特色之一。例如在韩国影视体验之旅中，除去前往知名韩剧的拍摄点外，还有品尝韩宫廷膳、模拟情景剧、穿韩服照相等各种体验活动。

韩国传统的音乐舞蹈早在中国唐代就已经流传，近代以来，韩国的打铃、舞蹈早已被中国人民所熟悉，如《阿里郎》《桔梗谣》《小白船》等广为传唱的歌谣。同时，韩国的传统音乐欢快、节奏感强，韩国的现代流行音乐、舞蹈冲击了中国青少年的娱乐生活，一众韩国娱乐明星也深受中国年轻一代喜欢。韩国现代舞蹈结合欧美街舞等形式，在亚洲国家广为流行。每年韩国歌星举办演唱会，来自世界各国的年轻人都会齐聚首尔或者韩国其他城市前往参加，带动了韩国餐饮、住宿、交通等行业的经济创收。

四、吉林省文化旅游资源发展状况

吉林省是最较早对日本、韩国开放旅游观光的省份之一，20 世纪 90 年代，就有大量的日本、韩国游客前往长春、长白山观光旅游。吉林省的文化旅游经过三十多年的不断摸索，形成了以民俗体验、跨境旅游、历史遗迹、休闲健康为主的项目。

首先，吉林省拥有一批重要历史遗迹。据不完全统计，吉林省境内已发现不可移动文物 9017 处。目前吉林省共有 272 处古遗址、古墓葬、古建筑及石刻、近现代重要史迹及代表性建筑。集安遗址公园被列入第一批国家考古遗址公园名单，吉林省拥有国家考古遗址公园的数量占全国总量的 5.7%，是东北三省拥有国家考古遗址公园最多的省份。同时，吉林省有从渤海国时期、辽、金、元、明、清各个时期历史古迹，是东北亚地区丝绸之路的重要组成部分。

其次，吉林省红色旅游资源丰富，共有抗日战争和解放战争时期的遗存 239 处，"四平—吉林—敦化—延吉—白山—临江—通化—集安"线被列入国家 30 条"红色旅游精品线路"。这些红色旅游资源中最为独特、最为丰富、最具价值的当属东北抗联革命历史资源。

另外，吉林省地处由中国东北地区、朝鲜、韩国、日本、蒙古和俄罗斯远东地区构成的东北亚地理中心位置，具有发展东北亚区域旅游合作的优越区位条件。随着东北亚地区各国经济、文化、交通等合作的深入开展。现已开辟吉林省珲春市至俄罗斯符拉迪沃斯托克、吉林中朝图们江、中朝鸭绿江边境水上游，白城至蒙古的草原风情游等精品跨境项目。

吉林省自古以来就是少数民族发祥和繁衍生息之地，拥有丰富的民俗旅游资源。吉林省经历过肃慎、鲜卑、扶余、勿吉、女真、契丹、满洲各少数民族政权时期，成为满族文化的发祥地和清朝的龙兴之地。省内民族风情多以东北关东、满族、蒙古族文化为主，其中有松原蒙古民歌、马头琴音乐、满族大秧歌、长白山回族龙灯、满族剪纸、芦苇画、伯都纳满族扎彩、葫芦雕刻、鹿肉食品制作技艺、查干湖查干淖尔冬捕习俗、满族珍珠球、满族说部、东北大鼓等。

近年，吉林省大力发展冰雪经济，"冬雪西冰"产业布局已经形成，已经建成 54 个滑雪场、279 条雪道，日最大承载量 10 万人次。其中，长春市、吉林市、松原市、长白山等吉多处冰雪旅游度假区被国家文化和旅游部列入全国冰雪旅游精品线路。吉林省借北京冬奥会的成功举办，将"冬奥在北京，体验在吉林"的理念深入人心。同时，吉林省还在积极打造"冰雪丝路"建设，融入"一带一路"倡议，从而加速中国冰雪产业国际化发展。

五、吉林省与日韩地区文旅产业合作机遇

（一）交通便利，文化交流增多

吉林省与日韩两国位置相近，交流频繁，国际通航次数也逐年增加。迄今，长春已开通直达日本东京、大阪的航线。为方便赴日观赏樱花，吉林省南航公司于 2019 年新增名古屋往返航线，韩国航空公司吉林增加了仁川到吉林延吉的航班班次，韩国釜山航空于 2019 年正式开通釜山—延吉国际定期航线，由每周三班增至每周六班。同时，韩国航空公司已确定每周新增 22 个延吉对韩定期航班，增强首尔、釜山、清州航班密度，新增大邱、务安定期通航点。

近年来，吉林省政府在不断努力加强地区内冰雪旅游资源和避暑休闲资源的开发，并强化旅游装备制造等领域的合作。吉林省已经连续举办了三届的东北亚珲春美食节，吸引着世界众多游客。同时，在其他方面，吉林省也在加大力度，确保铁路、民航全覆盖，并完善边境口岸建设，简化边境旅游出入境手续。在货币兑换方面，吉林银行同韩亚银行紧密合作，开通吉韩银行卡，在结售汇汇率、汇款手续费、ATM 取现手续费等方面为跨境旅游提供优惠政策。

（二）"一带一路"及东北亚地区合作的需要

2018 年，国家主席习近平在东方经济论坛阐述了东北亚地区合作发展的主张，得到东北亚国家和地区领导人高度认同。虽然东北亚地区局势瞬息万变，但是总体保持平稳，俄罗斯总统普京提出"开发远东战略"，日本地方政府积极寻求环日本经济圈经贸往来，朝鲜领导人则建议大力发展民生经济，特别在旅游休闲景

区方面加大投入。韩国文在寅总统提出"新北方政策",蒙古政府提出"草原之路"政策。由此可见,各国政府均在东北亚合作发展的框架内,通过文化旅游方式,实现互利双赢。

为鼓励两国国民互访,中韩两国领导人于 2014 年 7 月共同宣布将 2015 年和 2016 年确定为"中国旅游年"和"韩国旅游年"。2015 年 1 月至 9 月,中国已接待韩国游客数量达到 329 万人次,同比增长 6.8%,可见"中国旅游年"的影响已取得显著成效。同时,2016 年韩国各界为了迎接"韩国旅游年",推出各种方案吸引中国游客,赴韩国游客数量也呈现井喷式增长。中国的"一带一路"倡议中,民心相通是重点。同时,文在寅总统提出"新北方政策"中,加强与中国东北地区的合作,从而与朝鲜、俄罗斯加强经贸合作。2022 年,中韩将迎来建交三十年,文化旅游合作交流也将继续深入。

(三)吉林省经济振兴需要

2020 年,习近平总书记在吉林视察时强调:"打造好我国向北开放的重要窗口和东北亚地区合作中心枢纽。"吉林省和韩国两者之间的经贸、旅游、人文交流也日益频繁,文化旅游产业互补性高,旅游交流也加快了吉林省和韩国之间的人员流动、商业往来、资金流动、物流发展,推动了两地之间的经济发展。因此,韩国旅游产品开发可以提高吉林省旅游业的竞争力,推动吉林省的经济发展。中韩(长春)国际合作示范区建成后,中韩国际合作示范区将会被打造成为吉林省对外开放程度最高、经济活力最强的平台。吉林省通过依托生态冰雪、汽车工业、电影文化等特色自然文化旅游资源,支持示范区旅游企业与韩国等国际知名旅游企业合作,将中韩国际合作示范区打造成东北亚区域竞争力强、影响力大的国际合作示范区。表 1 是吉林省 2014—2020 年吉林省国际旅游统计表,从该表可以得知,日韩游客仍为吉林省主要入境游客群体。

表 1　为吉林 2014—2020 年吉林省日本韩国入境游客人数和外汇统计

年份	旅游外汇（美元）	日本游客人数（人次）	入境游客人数（万人次）	韩国游客（人次）
2014	67538	45768	137.7	612304
2015	72414	47508	148.1	786576
2016	79121	55445	162.0	853083
2017	76579	113203	148.4	589879
2018	68585	54053	143.8	598775
2019	61496	61930	137.0	650149
2020	9692	9904	20.8	40706

注：资料来源于吉林省统计年鉴整理。

六、吉林省与日韩文旅产业合作的挑战

其一，旅游资源同质化比较严重。日本、韩国与中国吉林省同处于东北亚地区，尤其在吉林东部地区，以朝鲜族民俗文化旅游为主题的旅游资源比较多，而且与韩国旅游文化产品较为相似，例如，韩国江原道与吉林省的冰雪项目，延边州朝鲜族民俗旅游与韩国京畿道龙仁市的民俗村旅游产品也多为相似，因而导致吉林省与韩国各地区开展文化旅游合作时开发空间性较少。

其二，文化旅游及文创项目缺乏特色。日本、韩国文化特色浓厚，日本卡通、"韩流"文化成为日韩文化旅游产业的拉动器，日本的奈良古迹、北海道的雪文化，韩国的景福宫、东大门、济州岛民俗村、光州音乐节等，已成为城市的旅游品牌，吸引着来自世界各地的游客。但是，近年，随着东南亚旅游国家和地区对中国游客实行更多的免签政策和低廉的价格，日本、韩国传统景点无法吸引过多的吉林省游客。吉林省游客最近三年，趋向将东南亚的泰国、马来西亚作为首选出境地区，而赴日、韩旅游人数呈下降趋势。同时，成熟的游客对旅游产品的需求越来越个性化，游客希望通过购买个性的旅游产品获得特别的体验。吉林省赴韩游客选择自由行较多，主要原因是韩国旅游产品较为单一、服务质量参差不齐、购物环节安排过多等，可以看出韩国部分旅行社为了完成大量游客项目，笼统设

计旅游计划，从而缺乏精品旅游产品。

其三，各国文旅企业合作平台有待提升。长期以来，吉林省与日韩民间交流较多，互访频繁。近年，吉林省文旅厅先后在日本、韩国举行旅游推介会，取得了良好的效果。但是，日韩与吉林省文旅产业交流之间合作平台较少，信息量闭塞，导致中小文旅企业不能及时参与，多数管理者对于合作政策不了解、不关心。有的文旅企业管理者对于推介及合作力度仅停留表面，难以落实合作项目。

其四，国家间缺乏文旅产业智库资源合作机制。从1995年开始，联合国开发计划署支持和鼓励东北亚地区国家建立地区间政府合作机制的"大图们"计划开始。中、俄、日、朝、韩、蒙六国政府虽然积极响应，地方大力协助，民间有利推动，中韩及东北亚地区各国之间的旅游合作已经走了二十多年，但是建设进度缓慢，成效不高。究其缘由，首先，东北亚地区政治地理形势较为特殊，合作发展常会因为国家间的冲突而停滞。第二，东北亚国家的经济重心和发展特点不同，导致合作不顺畅。第三，中韩地方政府虽有政策支持旅游合作，但是民间旅游组织协会较少，各国高校科研院的文化旅游合作交流也甚少。

七、吉林省与日韩文旅产业合作发展对策

首先，吉林省要加大与日韩友好城市冰雪以及康养休闲产业项目的合作。吉林省与韩国部分城市的文化旅游服务业合作已经走过了三十年，传统的文化旅游合作模式已经不能适应当前社会的发展。吉林省应利用现有资源和合作基础的优势，进一步扩大和增添文旅服务活动内容和项目，以达到丰富特色文旅产品，提高吸引力。同时，加强与韩国空中中飞行伞、划艇、滑水等都体育休闲制造产业合作，增加新的活力。特别在冰雪资源方面，吉林省要与江原道等友好城市，通过"中日韩冰雪民俗节庆展览""中日韩冰雪装备展览会"等形式，利用各地旅游资源，开发互补文旅产品。例如，日本秋田县与吉林省东部处于同一维度地区，可以共同开发农业观光、水稻文化等活动。同时，吉林省要利用中韩（长春）国际合作示范区现存的优势，定期举办网上论坛和线上交流展览，形成有效的合作常态化联络机制。

其次，加强文化创意、数字技术与文旅产业有机融合。吉林省要借鉴韩国文化产业创新的优势，以科技创新推动文化旅游创新，利用智慧旅游的形式，同时也要发挥吉林省在文化创意等方面的优势，创新吉林省与韩国文化旅游产业数字技术合作模式。例如，可以通过扩大智慧旅游形式，逐步打造新型旅游产品，并运用现代科学技术所取得的一系列成就，经过精心构思和设计，创造出特色的文旅活动项目。

另外，吉林省还需"政府搭台，民间唱戏"，引导民间文旅企业参与进来。文旅产业最大的消费群体就是顾客，而直接面对消费者的就是企业。笔者在调研过程中发现，吉林省内部分旅游企业对于国际区域文化旅游合作政策并不了解，很多旅游企业基本没有参与过国际旅游合作洽谈或者博览会，因而对于吉林省与日韩文化旅游合作项目也不注重。所以，吉林省需营造合作环境，充分发挥政府搭台、民间唱戏的作用，引导大文旅企业积极对接日本、韩国企业，加强对休闲饮品、服装、医疗美容、冰雪器材与设备等服务密集型产业的关注，由此拓宽目标市场人群。

最后，吉林省还要积极推动吉林省与日韩文旅文创智库建设，并在建立有效推动机制的基础上，进行地区间的往来合作。吉林省长春市内协会、学会、高校及科研研究机构对于韩国文化旅游研究相对较少，导致长春市与韩国的旅游合作咨询建议成果减弱。鉴于此，长春市应利用其与韩国友好城市的平台，积极构建双方的各级文化部门、协会组织、高校和科研机构设立专门的智库平台，以便及时交流沟通信息、研究问题、减少文化冲突、实现多方利益。同时，长春与韩国文化观光行业协会还可以建立信息交互机制，利用互联网平台，整理本国文旅创意信息。中日韩三国的文旅产业合作可以借鉴欧盟区域一体化方式，建设一条互利互通的文化旅游机制，并吸纳各国人才、充分共享信息，将文创智库的成果经验服务于中国"一带一路"倡议和韩国"新北方政策"建设，打造独特的东北亚地区文旅创意产业的高端战略智力平台。

参考文献

崔哲浩:《韩国旅游业的发展及其借鉴》,延边大学硕士学位论文,2002。

冯玉宝:《东北亚旅游产业合作模式研究》,吉林大学博士学位论文,2016。

金准:《中韩旅游业的共同转型与东亚旅游新格局》,《中国经贸导刊》2014年第 23 期。

沈思涵:《文旅融合视域下日本文化遗产的保护与传承》,《歌海》2020 年第 1 期。

张百菊:《吉林省对韩国旅游产品开发策略研究》,《理论观察》2016 年第 9 期。

张建民:《日本旅游产业发展研究》,吉林大学博士学位论文,2012。

《第八届东北亚旅游论坛:聚焦"环海旅游经济带"》,中国新闻网,https://baijiahao.baidu.com/s?id=1643735010086606717&wfr=spider&for=pc。

Choo, H, & Jamal, T., Tourism on Organic Farms in South Korea: A newform of ecotourism? *Journal of Sustainable Tourism*, 17(4), 2009, p.431–454.

基于全域旅游理论的吉林省冰雪旅游发展问题及模式分析[*]

王　俊[**]

摘要： 本文从全域旅游的"四全"角度出发，从产业资源、产业地位、品牌建设等方面分析了吉林省冰雪旅游发展现状，并在"四全"理论基础上通过全过程、全时间、全产业、全参与四个维度提出发展全域冰雪旅游中遇到的问题；最后，笔者从全域旅游视角总括了吉林省冰雪旅游的发展模式，以期为吉林省冰雪旅游的发展提供成功的模式借鉴。

关键词： 全域旅游；冰雪旅游；吉林省；发展模式

　　[*] 项目来源：2019 年吉林外国语大学专项资助基金项目"日本北海道地区全域冰雪旅游发展模式及吉林省借鉴对策研究"（JW2019JSKY008）的阶段性成果；吉林省民委课题研究成果（JM—2020—24）。

　　[**] 王俊（1983—），女，吉林外国语大学副教授，硕士生导师，研究方向为旅游营销、消费者行为学和品牌营销。

一、引言

"全域旅游"是一种基本符合当下我国旅游业发展实际情况的以问题为导向、以实践为依托、以实用为目标的理论,同时也是一个具有本土化和实践性的概念。它产生于我国特定时期的社会经济和旅游发展背景中,是在贯彻落实"创新、协调、绿色、开放、共享"发展理念过程中形成的一种政策导向,是撬动旅游行业创新发展的理念和模式。"四全"具体指的是"全景""全时""全业""全民",即全过程、全时间、全产业、全参与。2017 年 3 月发布的《政府工作报告》首次提到"全域旅游"这一概念。2018 年 3 月,国务院办公厅印发的《国务院办公厅关于促进全域旅游发展的指导意见》(国办发〔2018〕15 号)中指出:"旅游业是我国经济社会发展的重要支撑,要发挥旅游一业兴百业的带动作用。"① 综上所述,发展全域旅游势在必行,针对吉林省冰雪旅游资源是否可以发展全域旅游的模式这一问题,本文将依据全景、全时、全业、全民的"四全"理论,分析吉林省全域冰雪旅游发展模式。

二、吉林省冰雪旅游发展现状

(一)丰富的冰雪旅游资源

吉林省地处北半球中纬地带,与欧洲阿尔卑斯山和北美落基山两大世界冰雪胜地同处于"冰雪黄金纬度带",因此冰雪资源品质较高,具有得天独厚的自然条件,特别适合发展冰雪旅游。冰雪旅游是以体验冰雪文化为主要旅游资源的活动,其参与性、趣味性以及体验性较高。吉林省冰雪自然资源优越,且拥有自己的特色旅游产品。除了常规的项目,如赏雪、滑雪、玩雪、冰灯、雪雕等,吉林省还开发出雾凇自然奇观、查干湖冬捕、长白山温泉以及关东年俗等新型旅游产品与冰雪旅游相结合。

---

① 国务院办公厅:《关于促进全域旅游发展的指导意见》,《中国文化报》2018 年第 3 期。

（二）冰雪旅游的产业地位

吉林省委、省政府于 2016 年出台了《关于做大做强冰雪产业的实施意见》，该意见指出，要努力将吉林省建设成为中国冰雪产业大省、冰雪旅游强省和世界级冰雪旅游目的地。这意味着吉林省冰雪产业发展的巨大空间与潜力将会得以充分释放，冰雪产业将成为吉林省经济发展新的战略增长极。"深度玩冰、厚度玩雪、暖度温泉、热度民俗"，这类具象化的吉林冰雪旅游符号，让白山松水间的城与乡、自然与人，焕发出全新的发展生机，同时也让吉林特色冰雪旅游成为拉动本省经济转型升级的新引擎。

（三）冰雪旅游品牌建设初见成效

据人民网评选的"2017 年度冰雪旅游目的地品牌影响力 Top30"中，吉林省共入围了万达长白山国际旅游度假区、长春净月潭国家森林公园、吉林万科松花湖度假区等九个冰雪旅游目的地品牌。与此同时，长春市举办的"中国长春冰雪节暨净月潭瓦萨国际滑雪节"、吉林市推出"中国吉林国际雾凇冰雪节"、松原市举办的"查干湖冬捕旅游节"以及延边举办"延吉长白山国际冰雪旅游节"等大型冰雪旅游活动，受到中外游客欢迎，提升了吉林省冰雪旅游的知名度的同时，也提高了吉林省冰雪旅游品牌的影响力。

三、吉林省发展冰雪旅游过程中存在的问题分析

从全域旅游理论的全景、全时、全业、全民的"四全"理论为基础，从全过程、全时间、全产业、全参与四个角度分析吉林省冰雪旅游发展过程中存在的问题。

（一）旅游过程缺乏全过程服务，难唤游客的满意度

全域旅游理论中的全景主要指游客从离开家门的那一刻起就已经开始了旅游的过程，整个过程都在欣赏美好景色中度过。因此，这一过程对于新奇的产品和人性化的服务要求很高。首先，吉林省冰雪旅游的交通配套设施有待改进。由于滑雪项目的自身特点及项目需要，滑雪场大多数都是建在郊区或山区，人们到达滑雪场需要几个小时甚至一天的时间。例如，长白山万达滑雪场离市区较远，如

果没有配套通往滑雪场的班车进行"运游结合",就会大大限制其客流量。其次,对于特色体验产品的更新有待加强。截至 2016 年,吉林省滑雪场共计 38 家,但世界级大型滑雪场、滑冰场少之又少,且缺乏直升机滑雪、山地穿越等高端休闲体验类度假产品。并且,在产品规模上,吉林省的冰雪旅游缺乏世界级滑雪度假综合体,一定程度上限制了服务的种类和方式。具体来说,吉林省特色的产品和服务为"冰雪 + 雾凇 + 温泉",但受管理体制混乱、雾凇受气候影响具有不确定性等因素影响,导致其品牌知名度相对较低。此外,查干湖冬捕将冰雪与民俗文化紧密结合,也具有一定的知名度,但其娱乐项目相对单一,有待进一步开发。最后,其他配套服务水平也有待提高。目前,吉林省的部分滑雪场存在接待能力不足、居住条件差、服务员工素质不高等问题。在冰雪场地的管理、维护与运营、雪场救护等方面,也呈现出服务管理能力偏低等问题。综上所述,以上三个方面均影响游客对于吉林省冰雪旅游的总体服务的体验,大大降低了游客对吉林省冰雪旅游的满意度。

（二）旅游时间缺少连贯性营销，难塑品牌形象

全域旅游理论中的全时间指的是旅游业的发展不受时间的限制,没有淡旺季之分,只有"全时 + 全天 + 全季"。目前,吉林省冰雪旅游的时间主要集中在 11 月到次年 3 月,即使是维持时间最长的长白山也只能到次年 5 月。在这个时间段内,吉林省的冰雪旅游营销手段比较单一,仅是各个景区各自宣传,缺乏持续的促销手段及全季甚至全年的品牌营销,单一的推广形式导致在宣传吉林省冰雪旅游产业时略乏力,品牌形象难以持续塑造。

（三）旅游产业缺少融合性联通，难获有利竞争地位

全域旅游理论中的全产业指的是旅游业与其他产业融合共同发展。冰雪产业体系不完善,部分关联产业发展比较落后。吉林省的冰雪旅游与文化产业融合程度低,部分游客反映冰雪文化的动漫、影视、节庆活动、戏剧、演艺等发展不够充分;吉林省的冰雪旅游与冰雪休闲健康产业关联层次有待提升,以温泉养生产品等特色旅游度假综合体匮乏,医疗、康体产业发展痕迹少;吉林省冰雪装备制造业技术含量较低,品牌意识薄弱;冰雪旅游与商贸产业的融合程度比较粗放,

住宿、餐饮、购物、会展等方面的服务上可提升的空间还很大；冰雪旅游与科研教育产业融合不够充分，研究性学习和旅行体验相结合的校外教育活动发展也比较缓慢。

（四）旅游内容缺少丰富性民俗，难创品牌资产价值

全参与，即做到景区和社区、目的地和客源地的无缝衔接，将民风、民俗、民情等纳入旅游体验的内容中来。吉林省是少数民族聚集区，有 48 个少数民族，其中满族、朝鲜族、回族和蒙古族四个民族人数较多且分布较广。[①] 然而，吉林省内目前已开发的民俗特色旅游产品较少。满族、朝鲜族、蒙古族等村落观光、饮食、服饰、演艺、狩猎、婚礼等少数民族的精品体验产品匮乏，不能完全将民风民俗的体验旅游融合到冰雪旅游中去，游客对冰雪旅游中"情、奇、新"的体验感较差，难以形成独特的冰雪旅游品牌。

四、全域旅游下吉林省冰雪旅游发展模式

（一）优化全产业链的过程服务

首先，政府需要着手修建省际大通道、山水旅游通道等多种旅游通道，使旅游景点、旅游商贸点、旅游住宿餐饮等度假村都能有发达的公路、铁路甚至机场相连，方便游客通过自驾、公共交通等多种形式迅速到达冰雪旅游场地（馆）。同时，引导运输企业开通"车票＋门票"一票直达、全程服务的景区直通车，提升服务品质，方便游客出行。其次，打造世界高端冰雪旅游目的地，建设国际冰雪旅游度假名镇、系列冰雪旅游小镇、世界级滑雪度假综合体、世界级滑雪场、一流滑冰场等，使冰雪旅游的服务场地和设施能够领先于国内的其他省份。并且，还可以全面丰富冰雪旅游的产品内容，如观光类的冰雕、冰灯、冰瀑、雪雕、冰挂雾凇；丰富雪上运动（单板和双板滑雪、高山滑雪、花样滑雪、自由式滑雪、高山滑雪、越野滑雪、雪上芭蕾等现代滑雪项目）、冰上运动（速滑、冰球、花

---

① 吉林省人民政府办公厅：《省委省政府关于做大做强冰雪产业的实施意见》，《吉林日报》2016 年第 9 期。

样滑冰、冰壶以及冰上爬犁等运动）和休闲运动类项目（冰上风火轮、登雪山、滑雪机、滑冰、仿真模拟机、雪地足球、冰上钓鱼、冬泳）等。最后，要通过创新旅游发展机制，提升接待能力和住宿、餐饮等方面的管理水平，摆脱过去"一流资源、二流开发、三流服务"的粗放型增长方式。

（二）运用全时间塑造冰雪品牌

相关部门应通过更为创新的推广形式宣传吉林省冰雪产业，如投资拍摄反映吉林冰雪产业特色的宣传片和纪录片；通过加大营销媒体的投放力度，积极通过互联网、电视直播、微信公众号等新媒体宣传方式推广冰雪文化；通过影视剧、戏剧、动漫等多种方式，促进冰雪文化传播和品牌塑造；通过节日赛事，如冰雪旅游节、冰雕节、雪雕艺术博览会、冰灯节、冰钓节、自由式滑雪空中技巧世界杯赛、瓦萨国际越野滑雪赛、单板追逐赛、高山滑雪、花样滑雪锦标赛、越野滑雪、冬季两项赛、速度滑冰、冰球等竞技比赛等全面报道和宣传，吸引广大冰雪运动爱好者的眼球。最终，充分实现"玩雪到吉林"的品牌口号深入人心，从而促进冰雪文化传播和品牌塑造。

（三）打造全方位融合的产业链条

贯彻吉林省政府的要求，发展以冰雪旅游、冰雪体育和冰雪文化为核心产业，增加冰雪商贸服务业、冰雪休闲健康产业、冰雪装备制造业、科教产业为关联产业形成的"3＋X"产业链，并着重发掘以下几方面的关联产业，使吉林省冰雪旅游赋予特色，增强吉林省的冰雪旅游产业的市场竞争力。

1.冰雪旅游＋休闲健康产业

以"温泉"康养为核心，以住宿、餐饮、娱乐为依托，打造"滑雪＋温泉"特色旅游度假综合体。在全面提档升级传统温泉度假产品的同时，推动"温泉＋"医疗、康体等相关产业融合，着重推出"生态、环保、天然、养生、医疗"等特色的营销理念，公布泉质及功效，让游客有的放矢地选择温泉场所，以优质的自然泉水配合全方位的康养服务，打造冰雪旅游与休闲健康深度融合的独特体验方式。

2.冰雪旅游＋文化产业

通过动漫、影视、民俗节庆、戏剧、演艺、会展等多种方式，全方位宣传吉林省的冰雪旅游文化，依托少数民族歌舞、曲艺、传统技艺、民俗等类别的非遗项目开发冰上舞蹈、冰雪文艺演出、冰上体操、冰上模特秀等独具特色的旅游产品。因此，吉林省要重点培育冰雪会展龙头企业，创新策划各类冰雪节庆会展活动，形成丰富多彩、亮点频现的"吉林冰雪节庆会展季"。

3. 冰雪旅游 + 商贸服务业

在住宿餐饮方面，吉林省需要全面适度扩大酒店规模、扩充档次，并提高酒店管理现代化水平，支持经济型酒店、青年旅社、森林人家、乡村客栈、长白雪屋等多种旅游住宿业态发展。在特色餐饮方面，打造吉林特色小吃、满汉全席宫廷菜、特色民族菜等菜系。在购物方面，选取有代表性的特色小吃，如中医药膳、参茸林蛙等，并推动网定店取、网定店送、扫码购物、旅游邮购等便捷服务，方便广大游客进行观光购物。

4. 冰雪旅游 + 冰雪装备制造业

吉林省要大力发展冰雪装备设计、研发、为自主冰雪装备品牌打下基础；鼓励企业制造、销售压雪车、浇冰车、雪地观光车、雪地摩托车、冰球、冰壶、室内滑雪模拟训练器及相关配套设施，实现冰雪装备制造国产化突破。

5. 冰雪旅游 + 科教产业

吉林省要协同推进"冰雪＋科技"融合，提升冰雪产业的科技支撑，提高研发能力，破解技术瓶颈，努力将吉林省打造成为冰雪产业科技研发中心。同时，相关部门也要号召广大青少年走出教室，亲近冰雪，定时开展适合青少年的趣味冰雪项目比赛；大力推动研学旅行健康快速发展，增强青少年对国情、省情、市情以及乡土情等认识，使冰雪旅游成为青少年的常态化研学方式。只有充分培养大、中、小学生对冰雪运动的兴趣，才能为做大做强冰雪产业做好人才储备。

（四）注入全内容的地域民俗文化

每个地区都有自己丰富的地域文化，而全域旅游就是在全过程中感受旅游目的地的地域文化、体验民风、民情、民俗。吉林省需要将冰雪民俗与冰雪度假结合，实现综合带动、深度体验。具体来说，吉林省需要开发以朝鲜族、满族、蒙古族等几大类少数民族的民族文化为内容，依托关东民俗酒店、生态休闲酒店、冰雪运动酒店、少数民族风情主题酒店、民宿客栈等多业态住宿形式，大力植入少数民族传统饮食、传统服饰、少数民族歌舞、传统戏曲、传统婚礼民俗等产品体验。此外，还要加快与完善冰雪演艺产品开发，重点塑造延边州《阿里郎花》、松原市《查干湖》、吉林市《梦回乌拉》和《满韵清风》、辽源市《寻梦东辽河》、集安市歌舞晚会《风情鸭绿江》、东北风音舞诗画剧《长白风情》等具有地域特色、民族特色的演艺品牌。在冰雪娱乐项目上，吉林省还要着重开发"冰爬犁""抽冰猴"等传统冰上娱乐项目，同时深入挖掘林海雪原的木帮文化与雪文化，让游客切身体验百年前朴实的劳动者在长白山地区的生活状态，深度体验冰雪爬犁、冰雪游艺、冬季渔猎、民间冰灯等冰雪文化传统产品，促进非物质文化遗产与冰雪产业及民俗旅游相融合，全面助推吉林省冰雪旅游产业发展。

五、结语

全域旅游的"四全"理论重点从时间、产品内容、服务内容、参与者等角度强调了发展旅游业的几个层面。首先，本文从全域旅游的"四全"角度出发，在产业资源、产业地位、品牌建设的基础上分析了吉林省冰雪旅游发展现状。其次，笔者在"四全"理论基础上通过全过程、全时间、全产业、全参与四个维度提出发展全域冰雪旅游中遇到的问题。最后，笔者从全域旅游视角中提出了发展吉林省冰雪旅游的发展模式：从丰富冰雪旅游内容和完善冰雪旅游服务的角度，增加游客对于吉林省冰雪旅游的良好印象；从全时间段全方位的营销推进入手增加吉林省冰雪旅游的品牌美誉度和忠诚度；从不同产业形成了别具一格的冰雪体育产品格局和特色鲜明的冰雪旅游、健身、休闲目的地产业格局；从少数民族民俗民风为来自国内外的冰雪游客和冰雪爱好者提供了更多的内容体验。综合本文内容，以全域旅游理论为基石，可以充分挖掘吉林省冰雪旅游产业发展的巨大空间与潜力，大力发展"白色经济"，真正加快推进"白雪换白银"的步伐，为吉林省冰雪旅游产业更快、更好地发展提供了竞争动力。

参考文献

甘静：《吉林省冰雪旅游开发研究》，东北师范大学硕士学位论文，2009。

国务院办公厅：《关于促进全域旅游发展的指导意见》，《中国文化报》2018年第 3 期。

郝晶晶等：《内蒙古冰雪旅游资源及其利用研究》，《干旱区资源与环境》2017年第 9 期。

吉林省人民政府办公厅：《省委省政府关于做大做强冰雪产业的实施意见》，《吉林日报》2016 年第 9 期。

金承哲、刘树民：《新时代吉林省冰雪体育产业发展道路探索》，《吉林化工学院学报》2018 年第 10 期。

孙承华等：《中国滑雪产业发展报告（ 2017 ）》，社会科学文献出版社，2017。

孙丽薇：《吉林省冰雪体育旅游业的发展现状及对策研究》，吉林体育学院硕士学位论文，2015。

数字经济下中巴经济融合发展困境及对策

陈书博　李燕玉 *

摘要：当前的世界形势正经历着人类前所未有的最为广泛且深刻的变化，现代信息技术革命催生出数字经济这一新型发展模式。目前，它在现代经济生活中得到了广泛应用，不仅推动了经济结构的加速转型，也成为全球经济复苏的重要推动力。在全球经济进入深度调整的新阶段，区域合作的重要性也逐渐显现。以"一带一路"倡议的旗舰项目"中巴经济走廊"建设为例，前期片面的基础设施投资建设并未实质带来有效的经济成果，反而会加大合作国债务风险；后期转变合作思路，拓宽合作领域，加深融合程度，采用数字化技术渗透入各行业的商品与服务，优化了资源配置，促成了中巴经济合作持续向好的发展趋势。由此，借助现代数字经济技术来深化国际合作程度的方式也逐渐成为当今国际合作的新趋势。

关键词：数字经济；中巴经济走廊；区域合作

---

* 陈书博（1998—），男，吉林外国语大学国际商学院国际商务研究生在读；李燕玉（1978—），女，通讯作者，吉林外国语大学国际商学院教师，吉林大学东北亚研究院博士，研究方向为东北亚区域经济。

一、问题的提出

在当前的国际经济合作中，数字经济的作用愈发得到体现。它通过飞速发展的信息技术手段，推动人类经济发展形态的转化，让人类经济活动从工业经济转变为信息经济、智慧经济，从而极大降低国际交流合作成本，提高资源在全球的配置效率。

"中巴经济走廊"中的数字丝绸之路建设，尤其是数字基建领域，是我国"一带一路"倡议的国际交流合作中最为基础且最为关键的一步，也是我国参与和推动全球数字经济交流合作的重要途径和手段。中国和巴基斯坦之间首条陆上跨境光缆项目于 2018 年 7 月 13 日竣工开通，这有效连通了中巴之间的资金流和信息流，大大提高了两国人民的沟通效率。当前，数字经济是国际经济合作中新兴的活跃因素，能推动建立国际经济合作的新模式。由此，加快推动数字经济与国际经济合作之间的深度交融，着力提升数字化生产力，打造数字化区域合作链条显得尤为重要。尽管各国都已普遍认识到数字经济在国家发展当中的必要性，但在其发展路径上仍面临多重阻碍。

二、中巴经济融合发展的现实基础

随着传统的全球化发展模式的调整与变化，不断抬头的贸易保护主义和民族主义，以及全球化收入分配不均等问题表明，"地球村"概念正在被模糊，这种"逆全球化"思潮导致国际间的部分经济交流活动陷入了停滞。为应对这一难题，加强区域之间的经济合作，构建区域间互联互通纽带国际发展的新形势，数字经济凭借其特有的便捷性、高效性等优势，成为各国经济领域乃至国与国之间交往的重要技术手段。

（一）巴基斯坦层面

巴基斯坦虽然是仅次于印度的南亚第二大国，也是丝绸之路经济带中 GDP

水平较高的国家，但以全球视角来观察，巴基斯坦依然属于中低等收入国家。根据世界银行有关统计，2018 年巴基斯坦 GDP 总额为 3145.88 亿美元，人均 GDP 为 1482 美元，只占到印度人均 GDP 的 56.9%，[①] 巴基斯坦目前三分之一的人口生活在贫困线以下。这表明，巴基斯坦目前经济发展仍处于较低水平，市场潜力巨大。2015—2018 年间，巴基斯坦制造业在 GDP 中占比始终徘徊在大约 12%，2015 年为最高占比也仅有 12.79%。[②] 从贸易发展状况来看，巴基斯坦以农产品等初级产品出口为主，贸易结构过于单一，对外贸易竞争力明显不足。从 2014 年中巴两国出口商品的比较结果来看，中国向巴基斯坦出口机械设备、钢铁制品、电子、化工、化肥、农产品等大宗商品，其中机械设备占近 40%；巴基斯坦向中国出口大米、棉织物、棉纱、矿石、皮革等产品，其中纺织品占出口总量的 50% 以上。[③] 综合来看，巴基斯坦的可出口商品种类少、经济价值低，出口市场也相对简单固定。近年来，巴基斯坦经济结构迎来重大调整，以服务业为基础取代了以农业为基础的经济发展模式，但工业发展依然缓慢，尤其制造业明显处于落后状态。也正是由于巴基斯坦制造业的现状，使其在全球化进程减缓的国际新形势下，发展动力日趋疲乏。而数字经济在当前形势下展现出的顽强韧性，日益被各国所重视。巴基斯坦也看准了数字经济这一能带动经济高质量发展的新引擎，来作为应对新形势下解决自身经济发展问题的方式，但限于自身基础薄弱，巴基斯坦一直有寻求外部合作以解决国内发展困境的愿望。

（二）中国层面

首先，我国的现实状况需要区域合作。从世界经济总体走势来看，世界经济总体复苏缓慢曲折，全球经济进入疲软阶段。加之，我国经济发展进入"新常态"，处于新旧动能转换的过渡阶段，需要利用技术革命时代的数字经济新形态，提供新动能。现阶段，我国面临的最大问题是容易陷入"中等收入陷阱"，要想成功跨越该难题，还需要克服发展方式亟待转变、区域发展不协调、人口红利不如

① 颜少君：《中巴经济走廊高质量发展研究》，《全球化》2021 年第 3 期。

② 田仲福：《巴基斯坦国情与中巴经济走廊建设》，《中阿科技论坛（中英文）》2020 年第 11 期。

③ 宋碧琳：《"一带一路"背景下中国对巴基斯坦的经济外交研究》，外交学院硕士学位论文，2020。

以前等多种挑战。将数字经济作为全球经济发展的新动力，可以提高社会生产效率，培育新兴经济增长点和广阔市场，同时也是促进包容性和可持续增长的重要载体。通过"一带一路"倡议的提出，我国可以发挥产能优势和基础设施建设能力，带动沿线国家经济增长和民众就业，这样不仅有助于供给侧改革的实施，同时也使我国经济提质增效、转型升级，为世界经济"再平衡"做出贡献。

其次，数字经济的发展能促进区域合作。从当前国际机制的发展来看，数字技术能带动提升全球的经济联系，同时也能引发经济形态与国际治理方式的转型。"一带一路"倡议中的"数字丝绸之路"是中国从新型经济形态——数字经济方面考虑，完善全球治理的可行方案也是顺应全球多极化、文化多元化趋势的措施。坚持地区开放融合精神，为维护全球自由贸易体系和更加开放的世界经济秩序不懈努力。在全球治理问题日益突出的现阶段，全球经济乏力、区域合作支离破碎、气候变化、恐怖主义等诸多国际化难题日益涌现，现存国际化问题解决体系难以承担，国际体系仍处在艰难改革的道路中。而在国家实力和国际影响力不断提升的背景下，作为世界经济的重要组成部分，我国的"一带一路"倡议是加强国际交流，构建更加合理、更加适合当代发展的全球治理体系的积极尝试，为推动新型全球化发展模式转注入新思路，为全球的和平发展增添新的能量。

三、中巴经济数字化融合发展困境

数字经济的本质是信息化，而信息化必须以计算机和互联网等生产工具为基础，对数字化的知识与信息进行搜集、整理、识别、分析、引导、实现资源的快速优化配置。在中巴经济合作，即"中巴经济走廊"建设的项目中，尽管该项目给两国以及沿线地区都带来了一定的积极影响，同时也对"一带一路"倡议的建设起到推动作用。然而随着国际政治经济的不稳定和各方利益博弈的持续升温等外部环境变化，以及中巴两国自身发展问题的内部影响，对"中巴经济走廊"建设形成了一定的阻力。从目前的建设情况来看，巴基斯坦国内落后的基础设施成为中巴经济合作无法进一步深化的重要内生影响因素。

（一）巴基斯坦层面

1. 巴基斯坦经济发展水平较低，数字技术的适用性不强

数字经济代表了由工业经济转向信息经济的一种社会经济发展新动力，其关键在于产业的信息化和信息的产业化。较低的国民生产总值、不合理的经济结构以及过于单一的贸易结构等情况表明，从宏观上讲，如今的巴基斯坦国内经济发展水平还未达到工业化水平，然而，数字技术的最有效应用场景应为信息化水平下的知识经济、智慧经济领域，这种高水平的经济发展动能，在很多方面并不适用于低经济发展水平的国家。

2. 巴基斯坦基础设施的落后限制了数字经济的效用

一个国家发展的最基础的因素就是基础设施。而巴基斯坦在经济发展过程中，落后的基础设施也成为限制其自身发展、对外合作的最大阻碍。首先，电力的严重匮乏使得政府不得不采取地区轮流限电的举措，这也直接导致了多数地区每天10—22 个小时的停电，严重影响了人民的生产生活。其次，稀疏的公路建设和基本处于停运状态的铁路设施，也使得巴基斯坦国内生产要素跨区域流动的成本和难度无限增加，无法吸引国际投资者关注的目光。最后，在通讯技术方面，巴基斯坦国内的通信设施建设还处于我国十多年前以 2G 信号为主的状态，传输效率低且信号不稳定，无法发挥出现代信息化的大数据处理能力。由此可见，诸多弊端在通讯技术的综合作用下使得巴基斯坦并不能充分体会和利用数字经济带来的优势，也无法使其成为刺激经济发展增长的新动力。

（二）中国层面

我国利用数字经济促进地区融合发展深度不够。目前，我国在数字经济技术的应用领域涉及十分广泛，但在各领域对数字技术的运用上并没有深度挖掘出其所具有的真正价值。在"中巴经济走廊"建设的项目中，我国对外的数字化合作也只是停留在对外基础设施建设上，还未开始向该国其他产业及领域进行渗透。现阶段，数字化技术、产品和服务不仅加速传统产业向多方向、多层次、多链条渗透，即产业数字化，还在同时推进互联网数据中心（IDC）建设和服务。数字经济是一个广义的概念，其包罗万象的特征需要我们去不断加深数字化技术与区

域发展相融合的程度。

四、数字化困境下中巴经济融合发展的对策

在数字经济的影响下，"中巴经济走廊"建设必须抛弃急于求成的心态，需要从战略顶层去把握高质量发展的动力源。项目建设面对内忧外患的复杂局面，要从防控与突破两个角度同时推进。从防控角度来看主要针对项目建设的安全威胁、第三方势力的蓄意干扰，分别展开风险监管和寻求国际合作；从突破角度来看要从当前的合作现状入手，着重推动领域拓展和社会治理发展，逐步稳定巴基斯坦经济发展水平。

（一）巴基斯坦层面

1. 利用数字经济优势带动提升

数字经济的特点表明，在知识创新阶段，知识的范围越广则涉及的客户越多，创造的价值也就越大。在知识的普及阶段和模仿阶段，由于时效性问题，发达国家的边际回报呈下降趋势。然而，在发展中国家，它却可以保持较高的边际回报水平。对于发展中国家来说，这些知识仍然是最新的、最有价值的。进入 21 世纪以来，信息技术正处于普及和模仿阶段，巴基斯坦正好可以利用较高的边际回报效应，并结合我国对于巴基斯坦数字经济技术的支持，大大提高其产业信息化速度，不断缩小与发达国家之间的数字鸿沟，使数字技术在巴基斯坦经济发展中发挥越来越重要的作用。

2. 加大数字基建投资，同步共享技术经验

21 世纪以后，大多数发达国家经历了漫长的工业化进程，进入了信息化发展阶段。因此，工业生产向发展中国家转移已成为许多发达国家更新产业结构、重点发展数字经济主导产业的重要战略措施。而这对于巴基斯坦来说，可以充分利用发达国家的工业成果，缩短本国的工业化进程，加快本国经济的发展。2018 年 7 月 13 日，首条中巴陆基跨境光缆项目在伊斯兰堡竣工开通。光缆全长 820 千米，北接中国新疆，经中巴边境的红其拉甫口岸进入巴基斯坦，并与巴基斯坦国内现

有的光纤网络形成汇合。中巴光缆项目有效连接了两国的资本和信息流，形成供应链高效协作，促进商品和服务的跨境流动。此外，该项目还在促进两国跨境贸易方面发挥了至关重要的作用。由于吉尔吉特—巴尔蒂斯坦的数字基础设施并不完善，这也极大地影响了中巴跨境贸易的效率。在苏斯特干港，中巴光缆项目引入了独特的在线清关系统，可以大大减少因手续复杂而造成的货物遗漏和延误，从而提高中巴边境贸易的整体效率。这种数字基础设施建设可以促进区域间经济合作，实现中巴信息技术一体化服务。

（二）中国层面

现合作阶段，对我国而言，最重要的是加强中巴两国数字化的多领域纵深合作。过分依靠加大对基础设施建设的投资，会引发国际社会对中国推进"中巴经济走廊"建设目的性的猜忌，而且还会加大巴基斯坦债务压力和债务风险，甚至会因为产能项目与人文交流的过于滞后为整个项目建设带来更多抵触和风险。所以，"中巴经济走廊"建设要在遵循基本建设规律的基础上，着力加强多领域的纵深合作，促进数字化的商品、技术与服务在各行业的渗透，再由数字产业化的方式反哺于各行业，引导资源的优化配置，保证各领域项目协同推进。以瓜达尔港建设为例，在我国援建瓜达尔港工程结束、接手管理工作以后，可以将国内自贸区建设摸索出的投资管理体制、港口运营系统、贸易监管制度、金融创新改革等各方面宝贵的软硬件经验借鉴到瓜达尔港商业运营中，为其对接国际社会奠定基础。这样不仅是对巴基斯坦从最根本的基础设施方面进行援助，更是从更高层次的管理经验交流上加深了两国国际合作的程度。同时，加快与巴基斯坦人文交流合作探索也势在必行。中巴两国应当建立更加紧密的长效沟通机制，可以通过城市合作、教育培训、学术交流等方式加深两国民间交流，也为经济走廊建设做好专业人才储备，从而夯实中巴两国深入合作的社会基础。

五、结论

数字经济下的区域经济融合发展是当前国际区域战略合作发展体系的重要技

术形式。中国与巴基斯坦的合作，即"中巴经济走廊"建设虽从提出之日起就一直备受质疑，但这是符合当前国际复杂环境的正确选择。未来在面对各种不利因素时，中巴两国应当继续保持高度互信、彼此尊重的友好关系，在加深两国经济合作的同时，寻求广泛的国际合作机会，拓展合作渠道，寻求多元化的合作模式，推进多主体参与"一带一路"倡议中的投资建设项目，通过加强国际合作来消解外部干扰因素，共同努力推进多领域、全方位、高层次的合作，协同构建安全高效的合作体系，为实现中巴现经济走廊的有序推进创造有利条件。

参考文献

陈瑞华、张小艳：《"双循环"新发展格局下的中巴经济走廊建设与高质量发展——"慕峰论坛·纪念中巴建交 70 周年"中巴经济走廊国际学术研讨会会议综述》，《喀什大学学报》2021 年第 42 期。

何盈颖：《中国数字经济对产业结构升级的影响研究》，河北大学硕士学位论文，2021。

宁吉喆：《务实推动中巴经济走廊高质量运行 携手构建新时代更加紧密的中巴命运共同体》，《中国经济导报》2021 年 7 月 9 日。

宋碧琳：《"一带一路"背景下中国对巴基斯坦的经济外交研究》，外交学院硕士学位论文，2020。

田仲福：《巴基斯坦国情与中巴经济走廊建设》，《中阿科技论坛（中英文）》2020 年第 11 期。

王思琪：《关于"一带一路"战略与区域经济融合发展的路径探析》，《中国储运》2021 年第 9 期。

许志杰、张璞凌、王飞：《"一带一路"倡议下中巴经济走廊建设的缘起、挑战与路径》，《喀什大学学报》2021 年第 42 期。

颜少君：《中巴经济走廊高质量发展研究》，《全球化》2021 年第 3 期。

尹响、胡旭：《中巴经济走廊基础设施互联互通项目建设成效、挑战与对策》，《南亚研究季刊》2019 年第 3 期。

文化与文学研究

文化层面视域下《金刚川》 电影字幕翻译策略研究[*]

崔　丹　陈纪伊杰[**]

摘要：2021 年是抗美援朝 71 周年。抗美援朝战争的伟大胜利是中国人民站起来后屹立于世界东方的宣言书，也是中华民族走向伟大复兴的重要里程碑，对中国和世界都有着重大而深远的意义。本文以电影《金刚川》的英语字幕为研究对象，从文化层面视域下探讨其翻译策略。通过研究得出，译者在针对非日常话语的翻译时，为还原话语基调与话语方式，应采取直译的策略；而针对后者，则应结合话语范围站在译入语的角度进行变译。翻译过程中，针对非文本模态之中的文化要素，译者应复现原文模态间的互动关系；针对文化专有项，译者在翻译的过程中应当综合电影的语言媒体与非语言媒体限制，对文化专有项的内容进行取舍，在完成交际任务的前提下尽可能地保留文化专有项。

关键词：《金刚川》；字幕翻译；文化层面；多模态；翻译策略

＊　项目研究：系吉林省高教科研课题"翻译工作坊教学参与度与 MTI 学生翻译实践能力培养研究"（项目编号：JGJX2021D358）；系吉林省本科高等教育教学改革重点课题《英语专业学生跨文化交际能力培养路径研究》（项目编号：20201704）的阶段性研究成果；系中国高等教育学会外语教学研究会 2021 年度"外语教育研究"《价值观引领下"地球村"语言实验空间下英语类实践课程思政体系构建研究与实践》（项目编号：21WYJYZD08）阶段性研究成果。

＊＊　崔丹，北京外国语大学博士后、东北师范大学博士，吉林外国语大学教授，硕士生导师，研究方向为英美文学与英汉互译；陈纪伊杰，吉林外国语大学研究生，研究方向为英汉互译。

一、引言

2020 年是中国人民志愿军抗美援朝 70 周年，为纪念志愿军战士大无畏的爱国主义精神与国际主义精神，展现中国军人维护世界和平与国家安全的信念，弘扬中国爱好和平维护和平的价值观，中国电影业推出多部纪念作品。其中，《金刚川》以独特创新的影片叙事策略，从不同的叙事角度展现了志愿军战士不计生死、勇于牺牲的革命英雄主义精神。目前，学界对其的研究多聚焦于其独特的叙事手法，认为该片在叙事模式上的创新不仅摒弃了以往对敌人脸谱化、妖魔化的叙事策略，也从更宏观的视野去关照人性、表现战争。目前，学界鲜有对其字幕翻译策略的研究。如何选择使用翻译策略来跨越语言文化的鸿沟，传递中国的声音，并让外国读者认识到真实的中国是译者的任务与责任。本文以《金刚川》的英语字幕为研究对象，从文化层面视域下探讨其翻译策略，以期为以后同题材影片的字幕翻译提供可资借鉴的参考。

二、文化层面

电影字幕属于多模态话语，对电影字幕的翻译实践与研究应关注文化层面的翻译策略。《金刚川》作为抗美援朝战争题材的电影，字幕具有鲜明的意识形态特征，包括政治色彩浓厚、文化色彩浓厚以及电影冲突双方矛盾尖锐。在多模态理论中，文化包含意识形态（思维模式、处世哲学、生活习惯以及一切社会的潜规则）和体裁（交际程序或结构潜势）。具体而言，体裁包括承载文化意义与内涵的俚语、俗语、常用语、诗歌、文化专有项等。针对这些文本，字幕翻译应当着眼于以下三个问题：第一，字幕翻译应实现文化要素（包括非政治性的俚语与专业名词等政治性术语）与语境要素（话语范围、话语基调与话语方式）的契合；第二，字幕翻译应根据原片中的模态间的互动关系完成对影片内特色文化形式（如诗歌、歌曲等）的语际与符际转换；第三，字幕翻译应综合语言媒体与非语言媒体的限制对文化因素进行取舍。本文以电影《金刚川》的英语字幕为研究对象，从文化层面视域下探讨其翻译策略，以期为以后同题材影片的字幕翻译提供可资借鉴的参考。

三、多模态理论指导下《金刚川》电影字幕文化因素翻译策略

文化是相互连接的具有意义的社会实践系统，通过信息的传递与其他有意义的社会活动，我们依赖这一系统使实践具有意义（胡壮麟，2007）。由于地区间社会实践的不同，其文化存在差异，导致跨文化交际间存在客观障碍。电影字幕的翻译具有多模态性与跨文化性的特征，如何既满足其余模态对字幕翻译的要求又能跨越文化的鸿沟，在实现交际的基础上，促进源语文化的对外传播，这是译者所面对的重要问题。

在抗美援朝电影中，角色间的对话中包含有区域的文化特色，其话语可分为日常话语（如俚语、习语等），与非日常话语（如战争汇报、对敌方的指称等含有政治信息与政治情感的话语）。不同的话语具有不同的语境特征，翻译策略也因此相异，对于非日常话语，由于其信息多受话语方式（如战时的联络与非战时的联络语体特征有所区别）的限制并对话语基调（如对敌方的称呼受政治因素影响）产生影响，为达到最佳对等，复现原文的话语方式与基调，翻译应采取直译的方法，减少政治要素的缺失；而对于日常话语，由于无特定历史政治因素的介入，俚语等特色用语的理解多依赖于话语范围（如上下文等），对其的处理应站在译入语的角度，采取变译的策略处理。如例1：

原文：您但凡多弄几发炮弹来，咱把这群苍蝇（侦察机）给打下来，那他们不就成瞎子了吗？这晚上不就成咱天下了？

译文：If only you had brought in some extra ammo, we could've shot those flies (recon planes) down, and they will be the ones going blind. Then we'll dominate the night time.

例1中涉及了两个文化特色用语。第一个是"苍蝇"，第二个是"天下"，前

者属于含有政治信息的非日常话语，后者属于不含有政治信息的日常话语。

"苍蝇"的引申意象较为匮乏，多表达负面情感。在抗美援朝时期，志愿军战士使用该文化意向代指美军侦察机，表达对其的憎恶之情，属于有时代与文化特色的政治信息。这其中内含的敌我冲突与政治情感潜势为其增添了负面的话语基调。而若省去文化意象，改译为"recon planes"，原本包含有负面情感的别称被转换为了中性的名词，导致其背后的政治情感缺失，就会导致原文与译文间话语基调不对等。译文选择了直译加释译的策略，保留政治信息与情感的同时，完成了语篇的交际目的。

"天下"为中华文化圈特有的地理概念，原指中国古代统治者的政权，其引申含义为全世界（江晓梅，2013）。与"苍蝇"不同，"天下"的使用并非特定时期的产物，无政治因素的介入，属于日常话语。对日常话语中俗语以及常用语的理解依赖于对上下文话语范围的分析，要将高度融合的话语信息与文化隐喻剥离开来，最大程度地将原文所包含的信息与所发挥的功能在译本中复现。根据上下文，"天下"在此处指消灭敌方侦察机后便可以主导夜间修桥工程。由于原文所强调的并非"国家"以及"世界"的概念意义，若直译处理为"territory"或"world"，则会导致与原文话语范围相冲突，上下文衔接生硬。译文选择站在译入语的角度，对"天下"采取变译的策略，显化了背后隐含的含义，符合话语范围的要求。同理，还有例2：

原文：Come on!

译文：起来！

"come on"多用于英语日常交谈中，是具有英语语言文化特色的习惯语。口语中的习惯语具有内涵丰富的特征，"come on"在口语中可表示："said when encouraging someone to do something, or to hurry up, or when one feels that one is foolish or wrong"（Stevenson, 2010），即"鼓励、催促与反讽"的含义。对这一常用语的理解依赖于对话语范围、基调与方式的分析。该句台词的话语方式是美军飞行员遭遇志愿军防空炮反击时拉动操控杆，并驾驶飞机向上飞行躲避，因此话语基调为慌乱紧张。综上可得，此处的"come on"为第二种含义。译文结合了话语的基调（慌张）与方式（拉升飞机以躲避炮击），使用了变译的策略，跨越了语言差异的限制，选择了最符合当时语境的译文以达到交际功能的对等，从而传达完整的话语意义。

作为多模态语篇，电影与传统语言文本交际模式的区别在于，其意义传达依赖于不同模态（如图像、声音、文字等）间的协调配合。文化要素也不再局限于文字文本之中，相反，文化要素存在于语篇中的不同模态中，如影片中出现的志愿军旗语（图像）、军歌（声音）等。受多模态性的限制，文字翻译活动无法完成对其他模态中文化要素的转换，但若简单忽视其他模态，则无法完成意义的传达。故文化因素的翻译应将其余模态考虑在内，将影片内非文本的文化信息考虑到翻译之中，分辨字幕与其他模态间的关系（互补或非互补），选择适当的策略。其中，单模态话语无法传达完整信息，需要多个模态进行补充的模式即是互补关系，在这种模式下，译者为追求最大限度的对等，应考虑复现原文中的互补关系。如例 3：

原文：打不着飞机 / 让人愁

译文：Scratching his head/ when he can hit no plane

该台词为原片中角色老关即兴创作的唱词，原片中共有四句，皆为七言八言交替，两句为一节，演员使用了京剧的唱腔进行演唱，每一句的重音都放在了后三个字上，形成"五字一停顿"的唱词模式。除这一文化特征以外，作为即兴创作，其具有随意性与不规范性的特征，表现在四句唱词均无韵脚。作为唱曲，其意义的传达依赖于语言模态与声觉模态间的互动，二者呈现主次关系，即声觉为主要模态，语言作为次要模态辅助观众对声觉的理解。文化要素也分布于两个模态之中：在声觉模态上，文化因素体现在中国特色的唱腔；在语言层面上，文化因素体现在唱词之中。前者虽无法通过语言文字的转换以复现，但依旧可以通过恰当的译文辅助译入语观众理解原文的音韵美。首先，译文采取了押头韵的方法，分别使用了"his""head""he"与"hit"四个词重复辅音 /h/，再现了音韵美。其次，针对原文每句"五字一停顿"的唱词模式，译文选择在前五个字的字幕中使用包含有多个辅音连缀的"scratching"，这种辅音的连缀加大了口腔与舌头的工作难度，其声觉的不协调性可以生动表现出诗人的嘲弄态度。然而，而后三个字则相反，译文全部使用了单音节词汇，读起来轻快流畅，与原文后三字重读的唱腔相呼应。这种前后声觉对比的模式增添了译文前后的起伏与对比，赋予译文独特的音韵美感。

文化是相互连接的具有意义的社会实践系统，每个地区的社会实践不一样，文化系统也不一样。受文化差异的影响，仅靠纯语言的对应转换与模态间的互补关系无法完成对部分文化专有项（如历史人物，特有风俗习惯等）的翻译。针对文化专有项的翻译，通常有三种处理方法，即替代法、省略法和释译法。前两者是对文化要素进行转换，即在译文中，原文的文化内容消失了。虽然能够完成交际的目的，但由于文化因素的省略，译文无法完成区域文化的对外传播目的。释译法虽然保留了文化因素，并通过增添补充信息的方法辅助译入语读者理解，但作为多模态语篇，电影语篇的文本产出与意义传达受语言媒体与非语言媒体的限制，除语言差异与字幕布局等纯语言限制以外，电影字幕的翻译还受到时空等非语言媒体的限制。若过度释译，会导致释译内容超出电影的时空条件，有违非语言媒体的限制，阻碍接收者（receiver）对信息与意义的获取，最终导致多模态交际的失败。故而，译者应综合语言媒体与非语言媒体的限制，考虑交际目的与文化传播目的，在保证交际的基础上，保留原文的文化因素。如例4：

原文：长板坡前 / 救赵云，吓退 / 曹操 / 百万军。姓张 / 名飞 / 字 / 翼德 / ，万古流芳 / 莽撞人。

译文：At the foot of Changbanpo, /I came to the rescue of Zhaoyun, and scared off/ Cao's army/ of a million men. /it is I,/ Zhang Fei/ Courtesy name/ Yide, /I shall go down in history/ as one reckless man.

例4是电影结尾，张飞负伤在炮台上吟咏的七言绝句，原文出自经典相声贯口《莽撞人》。虽与例3形式相似，都是具有鲜明文化特色，且含有一定音韵美的文本，但该文本的处理却与例 3 相反。一方面，在电影原片中，此时的张飞已经处于濒死状态，受这一话语方式的影响，角色的念词出现了频繁的中断现象，字幕也因这一伴语言限制出现了断裂，单行字幕的空间过小，所能传达的内容有限，译者能发挥的空间较小，诗歌文化特征复现难度较大。另一方面，该句台词包含大量的文化专有项，包括"长坂坡""赵云""曹操""张飞""字"等，如果对每一个文化专有项进行释译，那么释译的内容必定会过长，违反了电影的非语言媒体限制，阻碍观众在有限的时间内接收完整的多模态信息与意义，导致多模态交际的失败。译文选择了保留文化专有项，但不进行释译，保证文化专有项留存于译文中的同时，在语言媒体与非语言媒体的限制内完成了交际的任务。

四、结论

本文以电影《金刚川》的英语字幕为研究对象，从文化层面视域下探讨其翻译策略。综合前文论述可得，译者在翻译非日常话语时，应当采取直译的策略还原话语基调与话语方式；翻译日常话语中的文化要素时，则应结合话语范围，站在译入语的角度进行变译。而译者在翻译的过程中，针对非文本模态之中的文化要素，应复现原文模态间的互动关系；针对文化专有项，应综合电影的语言媒体与非语言媒体限制，对文化专有项的内容进行取舍，在完成交际任务的前提下尽可能地保留文化专有项。

随着中国国家影响力的与日俱增，国际社会越发渴望了解中国文化以及中国的价值观与理念。作为多媒体时代下的重要多模态文本之一，电影对中国文化走出去有着不可忽视的重要作用。如何利用电影这一多模态文本以点带面，帮助外国观众认识到完整且真实的中国，这是我们每一位译者不可推脱的责任。

参考文献

陈纪伊杰、崔丹:《讲好中国抗疫故事——〈抗击新冠肺炎疫情的中国行动白皮书〉翻译策略研究》,《商务翻译》2020 年下。

陈纪伊杰、崔丹:《外宣"三贴近"原则指导下的翻译研究——〈抗击新冠肺炎疫情的中国行动〉白皮书的英译研究》,《吉林外国语大学华侨论丛》2021 年第 3 期。

侯维瑞:《英诗的韵律及其表意功能》,《外国语（上海外国语学院学报）》1986 年第 2 期。

胡壮麟:《社会符号学研究中的多模态化》,《语言教学与研究》2007 第 1 期。

江晓梅:《〈中庸〉核心概念"天"的英译对比分析》,《湖北大学学报（哲学社会科学版）》2013 年第 6 期。

龙世行:《历代咏蝇赋的创作及其内涵》,《辽东学院学报（社会科学版）》2020 年第 5 期。

鹿赟、袁智忠:《复调与仪式化:〈金刚川〉的叙事伦理》,《电影文学》2021 年第 10 期。

张德禄:《多模态话语分析综合理论框架探索》,《中国外语》2009 年第 1 期。

C. Schaffner, Metaphor and Translation: Some Implications of a Cognitive Approach, *Journal of Pragmatics*, 2004, p.1253-1269.

A. Stevenson, *Oxford Dictionary of English*, Oxford: Oxford University Press, 2010, p.347.

新时期中国文学作品在俄罗斯的传播及策略研究[*]

王　丹^{**}

摘要： 为加强两国人文交流，2013 年中俄两国签署了《中俄经典与现当代文学作品互译出版项目合作备忘录》再续"文缘"，由此，中国文学作品在俄罗斯的传播与发行迎来了新的高峰期。本文着重分析了中国文学在俄罗斯传播的主要体裁形式，并对其传播现状进行了述评，从而提出新时期中国文学在俄罗斯传播的策略，以期能够对促进中国文学的对俄传播提供参考价值。

关键词： 新时期；中国文学；俄罗斯；文化传播

中国文学在俄罗斯的翻译出版历史悠久，各种体裁、题材的文学作品受到了俄罗斯民众的喜爱，其研究成果也较广泛。随着中国在世界上的重要性日益增加，中国现当代文学在国际上屡获殊荣，近十年来中俄两国之间的文学交流关系正在快速复苏。俄罗斯民众对中国及中国文学的兴趣日益增长，加之中国在海外广为进行推广文化活动，中国文学在俄罗斯的译介出版与传播也必将发生质的改变。将来，我国会有更多的优秀作品走出国门，通过这些优秀的作品，让俄罗斯民众认知一个全新的、多元化的、立体的中国形象。

---

　　*　　2021 年度吉林省翻译协会翻译教育研究项目，"吉林省民办高校翻译工作室实践教学创新研究"（JLFY2021YB098）的阶段性成果。

　　**　　王丹（1980—），女，硕士研究生，长春大学旅游学院副研究员，研究方向为东北亚问题研究。

一、中国文学作品在俄罗斯传播的主要体裁形式

文学素来是全世界各国人民交流互动、深入了解的重要纽带，也是文化传播的重要载体。18 世纪，在叶卡捷琳娜二世把"物质"形象的中国引入俄罗斯后，中国文学作品就成为俄罗斯人继物质探索后对中国"精神"形象的最佳了解渠道。迄今，中国文学作品在俄罗斯传播已有两个半世纪，从译介出版的情况来看，主要有四种体裁形式，即诗歌、小说、戏剧和散文。

1. 诗歌：国学经典的"韵律"美

作为中国文学的瑰宝，中国诗歌历来是俄罗斯汉学家们翻译和研究的对象。先秦诗歌、汉魏六朝诗歌、唐代诗歌、宋元明清诗歌、现代诗歌在俄均有译介作品与出版作品。中国诗歌韵律优美、形式多样、朗朗上口，深受俄罗斯人的喜爱。其中，唐诗经典俄译本的印刷量最大，《唐诗集》印刷了 5 万册，而《李白抒情诗选》《唐诗三人集》一上市就销售一空，并进行了再版，传播极为广泛。俄罗斯文学网站上也经常发表中国诗歌译文，包括七言绝句、五言绝句、七言律诗、五言律诗，题材涉及山水田园、赠友送别、吊古伤今、思乡怀人等体感。这些俄译版中国诗歌以俄罗斯人熟悉的表现形式呈现，为广大俄罗斯网友和读者所关注。俄文诗集《中国现代诗选 60 首》集合了百年来中国各个时期最具代表性的 30 位诗人作品，向俄罗斯读者展现了中国人民对自由、光明、和谐社会和幸福生活的美好向往，与同样热爱大自然、向往美好生活的俄罗斯读者们产生了共鸣。另外，中国诗歌也对俄罗斯艺术家们的创作产生了积极的影响。例如，阿赫玛托娃、吉多维奇、古米廖夫、托洛普采夫等著名诗人和作家在中国诗歌汉译的素材基础之上进行再创作；苏联作曲家根据杜甫诗歌编写的合唱组曲《四川悲歌》（含《茅屋为秋风所破歌》《梦李白》等 22 首诗）在第五届"莫斯科之秋"音乐节演出；俄罗斯作家、汉学家谢尔盖·C. 托洛普采夫发表了短篇小说《回归太白》；等等。

2. 小说：社会环境与民族情怀的折射

新时期中国现实主义题材的小说包罗万象，中国作家们冷静地观察现实生活，精确细腻地描写最真实的生活，力求最真实的生活再现当时环境中的典型人物，

由此受到俄罗斯读者的青睐。其中，反映中国国情、社会状况、民族情怀、人物命运的鲁迅、郭沫若、老舍等知名作家的文学作品在俄罗斯广泛传播，并为读者们所熟知。中国文坛的现代作家在国际上屡获大奖，其创作风格多样，以不同题材、不同视角来展示现代作家对于中国社会变化与中国文化的诠释与思考，引起了俄罗斯的高度重视与当地出版社进行译介出版的热潮。例如，莫言的摘得诺贝尔文学奖后，阿姆弗拉（Амфора）出版社发行的莫言的《酒国》俄文版迅速增印。此外，作为莫言多部新历史主义小说代表作，《丰乳肥臀》呈现了重要的时代特征、人文气息和文化底蕴，其俄文版在俄罗斯的初版印数便高达万册，成为中国当代小说在俄传播的里程碑；冯骥才的作品凭借历史性和深厚的文化内蕴吸引了俄罗斯读者的关注；刘慈欣的代表作《三体》以深邃的思考、恢宏的气势和绚丽的想象获得俄罗斯读者的广泛赞誉，在俄社交媒体的推介上、电子书、有声书与实体书店的市场销售上均取得了不俗的成绩。

同时，蕴含浓郁中国传统文化元素的网络小说也异军突起，以"仙侠""武打"等中国元素为特色的创作风格吸引了俄罗斯年轻读者的目光。近年来，中国的网络文学作品在俄罗斯小说翻译网站上的影响力快速增长。

中国小说以其心怀家国天下、洞察人类未来发展的幻想、战争与人性的反思、反映中国当下社会风貌等为主题，让俄罗斯读者看到了一个多元、包容、自信的国家与民族的形象。

3. 戏剧：悲欢离合的"人间百态"

中国戏剧文学的特点在于语言独立与个性化、情节起伏与情感冲突，通过剧本和舞台来诠释社会百态与人物之间的悲欢离合，这种贴近生活、喜闻乐见的文学形式在俄罗斯广为流传，郭沫若、老舍、曹禺、夏衍等中国著名作家的戏剧作品相继被翻译成俄语出版。其中，郭沫若的戏剧《屈原》以其悲壮的爱国主义精神为俄罗斯读者与观众们接受；老舍笔下的骆驼祥子令俄罗斯读者想起了果戈理笔下的小人物阿卡基·阿卡基耶维奇，《茶馆》与《钦差大臣》都令人看时"笑声中带着泪"，幽默中含着讽刺与悲苦；曹禺的剧作《雷雨》与俄罗斯戏剧之父奥斯特洛夫斯基的《大雷雨》虽然创作的时间不同，但所表达的主题寓意类似，各自作品中的女主人公的悲剧命运都很好地传达了"雷雨"的原始力量，两个不同国度、不同时代、不同身份的作家不约而同地表达出了尖锐的阶级矛盾。通过中国戏剧文学，俄罗斯读者们感受到了两国之间类似的社会问题与民族精神，进而迅速产生了共情效应。

2019 年，郭沫若的《屈原》、曹禺的《雷雨》、老舍的《龙须沟》、王培公的《我们》、郭启宏的《知己》、莫言的《我们的荆轲》以及熊召政的《司马迁》被圣彼得堡土卫七出版社发行。由此，许多中国的经典作品重新登上了俄罗斯的戏剧舞台，中国现代作家的戏剧作品也首次进入了俄罗斯读者的视野，促进了新时期两国戏剧文化的交融与发展。

4. 散文：形散神不散的"美文"

散文是抒发作者真情实感、写作方式灵活的记叙类文学体裁。相比以上三种体裁，散文出现的时期较晚，因此在俄罗斯译介作品数量与发行量上占比较少。2009 年至 2018 年中国文学作品在俄罗斯共发表了 291 篇，其中长篇小说 46 篇、中篇小说 70 篇、短篇小说 137 篇（含童话故事 9 篇），散文 38 篇，散文作品占总体发表作品的 13%。虽然比例不高，但在译介及出版的过程中呈现出上升趋势。1992 年至 2008 年，中国散文作品的俄文译本发行了 22 篇，2009 年至 2018 年则发行了 38 篇，由此可见，中国散文在俄罗斯的受众群体在不断扩大。王蒙是中国现当代著名作家，2002 年诺贝尔奖的提名者。[①] 他的散文作品反映了现代社会迫切且重要的问题，因此被俄罗斯的汉学家们广为研究并推介给俄罗斯的读者。例如，科学院远东研究所高级研究员叶烈娜翻译了散文《雨》《塔什干晨雨》，发表了《象征意义作为王蒙的散文的艺术语言》《中国作家王蒙创作概念和散文，政论上的创作个性》等研究成果；科学院远东研究所的主要高级研究员、俄罗斯联邦的功励科学工作者谢尔盖·托罗普采夫通过王蒙的散文看见了全新的中国，并开始研究中国作家的创作，还向俄罗斯读者介绍了王蒙创作的本质和特点。俄罗斯圣彼得堡国立大学孔子学院院长，汉学家罗季奥诺夫认为，中国散文在俄罗斯广受关注并非偶然，且其在俄罗斯的传播已然形成了趋势。

---

① 隋艳:《中国当代文学在俄罗斯传播现状和建议》,《中国俄语教学》2017 年第 1 期。

二、中国文学作品在俄罗斯的传播现状述评

1. 研究成果呈现多维特点

俄罗斯学者们对中国文学作品的研究比较广泛，凭借本民族文化基因和文学传统的审美眼光与角度来评判作品，得出了很多别具一格的结论。例如，如老舍的作品就被俄罗斯学界研究了近 80 年，其中很多成果都带有填补空白、扭转偏差的重要意义。在对中国文学作品的研究方面，俄罗斯学界逐步形成了学术论文、专著、作品合集、论坛、网络书评等多种形式的丰硕成果。例如，二十世纪七八十年代《远东文学研究的理论问题》《亚非人民》等刊物，集中发表俄汉学家的唐诗研究论文 140 多篇；俄罗斯老舍研究发表包括评论、综述、回忆录、百科辞书条目在内的近 180 篇（部）研究文献；切尔卡斯基出版的专著《中国现代诗歌》详细阐述了中国二十世纪二三十年代的诗歌发展；尼科里斯卡娅先后出版了两部专著《田汉与二十世纪中国戏剧》《曹禺创作概论》；俄罗斯作家联盟与上海外国语大学举办了第一届和第二届中俄青年作家论坛，之后青年作家的译本发表于文学期刊，等等。① 总而言之，俄罗斯汉学界在中国文学作品的翻译与研究领域多维发展、成绩斐然，为中国文学作品在俄罗斯的传播做出了突出的贡献。

2. 读者群体多元化发展

在俄罗斯传播的前期，中国文学作品的主要受众群体为汉学家、诗人与作家、受教育文化程度较高的读者，后期因互联网的普及和中俄两国政府的积极推广宣传，俄罗斯读者从书店广告、报刊、电视、网络等多渠道了解了中国文学与作家的相关信息，形成了线上与线下两种阅读方式。年龄稍长的读者更愿意到书店购书，而低龄化读者则是在书店与网络平台上阅读文学作品，可选范围更广。另外，读者群体从有限的学习汉语群体扩大到了普通读者范围，呈现出不同年龄段有不同需求的特点和向低龄化发展的趋势。例如，年龄在 30 岁以上的读者明显喜欢阅读莫言、王蒙等作家的作品，年龄在 17 岁至 30 岁之间的年轻读者更偏爱网络

---

① 马千钤:《中国当代文学在俄译介与传播》,《中国社会科学报》2018 年第 6 期。

小说和科幻题材的作品。[1] 同时，中国的儿童文学作品在俄罗斯市场上也极为畅销，俄译本《太阳山》《兔子的尾巴》《神奇的南瓜》、俄文电子版系列丛书《魔法源泉：中国童话》（10本套装）等均已在俄发行，俄文版儿童读物《西游记》一经发行便销售一空，带有民间文学色彩、语言浅显易懂的中国童话作品更易为俄罗斯读者特别是青少年读者所接受。

3. 出版与发行向商业化转型

近十年间，中俄两国政府在宣传与出版领域进行了深度合作，联合实施了诸如《中俄经典与现当代文学作品互译出版项目合作备忘录》等一系列译介和推广项目。随着中国作家频频获得国际文学大奖带来的传播效应，中国文学作品在俄的译介工作不断升温，从而导致俄罗斯读者对中国的探索兴趣增加，对中国文学的需求不断扩大，俄罗斯一些综合性出版集团和出版机构也看准了这一商机，开始挖掘中国小说的市场价值，积极主动通过商业途径引进中国小说版权，并组织翻译出版、设计包装及市场销售，这也使得中国文学在俄罗斯的传播从政府行为和民间自发性行为向市场商业化行为逐渐转型。

4. 中俄文学输出差距缩减

根据中国出版档案馆资料记载，从2003年到2012年的十年间，中国出版了2653种俄罗斯文学，而俄罗斯国家图书馆的目录显示，俄罗斯同期出版了140种中国文学，对比可见中俄两国的文学输出也差距较大。然而，在中俄双方互办"国家年"和"语言年"的影响下，俄罗斯人民对汉语的学习掀起了热潮，进一步促进了两国文化的交流与发展。在俄罗斯各大书店中，中国作家的著作销量正在增长，俄罗斯每年翻译出版的中国主题图书种类，从2012年的31种增加到2019年的166种，2020年虽降低至128种，但中国文学作品的对俄输出依然保持着持续上升的姿态。[2] 他俄联邦出版和大众传媒署副署长格里高利耶夫认为，中国文学作品在俄落地开花、涉及面广、持续期长，从中俄关系的大局来看，堪称功在当代、利在千秋的伟业。

---

[1] 隋艳：《中国当代文学在俄罗斯传播现状和建议》，《中国俄语教学》2017年第1期。
[2] 马千铃：《中国当代文学在俄译介与传播》，《中国社会科学报》2018年第6期。

三、新时期中国文学在俄罗斯传播的策略

1. 提升文学品质,助力作品传播

俄罗斯作为文学大国,经历过黄金时代、白银时代的群星闪耀,因此俄罗斯读者对于文学作品的品质要求极高。这就要求中国现代文学作品要以精品制胜,提升文学思想的高度与深度,兼顾中西文化差异,实现全球化视角与民族特色差异化的有效结合,让作品内容与读者产生共情效应,使文化内涵得以升华,从而具有更高的文化价值。同时,我国也要建立长效机制,从而培育更多的优秀作家和文学作品,提升国际文坛的地位与话语权,增强诺贝尔奖等国际高层次高级别奖项的角逐能力,用优质的文学作品助推中国文学在俄罗斯的传播。

2. 降低译介成本,助推出版社发行

首先,要培养中国当代作家的外语写作能力。现在大部分流传的中国文学作品大多由俄罗斯和其他外国作家翻译而来,这无疑增加了出版成本,因此应培养中国作家用外语创作的能力,加快对外译介传播的步伐。其次,要培养中俄两国具有情怀的优秀文学翻译家。文学作品不同于商业化的其他文本,是带有情感的创作,需要懂欣赏、能领悟作者想要表达的主题、价值观的翻译进行源语向目的语的传达,需要翻译者具备两国跨文化的交流能力与深厚的文学底蕴,为此中俄两国政府应加大对文学翻译的培养工作,分别设立文学翻译奖,广泛培养具有文学翻译能力的文学爱好者、研究学者、粉丝读者参与作品的译介推广。最后,设置中俄交流基金项目,促进出版社与高校的合作。2014 年,俄罗斯作家协会、中国《作家》杂志社与长春大学签订了关于翻译和出版中俄当代作家作品的三方合作协议,两年内完成了合作项目第一批成果——14 部俄罗斯作家的当代小说和 8 部中国作家的短篇小说的翻译工作,其中包括两国语言的翻译成果《作家·俄罗斯当代文学专号》与《冰与火·中国当代短篇小说专号》出版发行,推动了两国文学作品的互相传播。

3. 扩大文学传播的影响力与普及面

首先,可以采取作家与读者"面对面"交流与互动的形式,增进彼此了解,

扩大宣传力度。在作品《手机》《我叫刘跃进》《我不是潘金莲》《一句顶一万句》被译成俄语在俄出版后，刘震云在 2017 年于莫斯科中国文化中心与中俄读者举行了见面会，向俄罗斯读者们介绍了当今中国文学的发展情况，分享了小说《一句顶一万句》的创作心得。通过他的介绍，读者们更加深入地了解了当代中国作家与中国文学作品。近几年，《三体》《球状闪电》《超新星纪元》等作品被翻译成俄语进入俄罗斯市场，广受俄罗斯读者的好评。2021 年 8 月，在俄罗斯创意周上，刘慈欣通过连线与俄罗斯读者见面，中国科幻小说爱好者们齐聚在莫斯科市中心的高尔基文化公园与刘慈欣直接进行了热烈的线上交流。[①]上述举措都极大地拉近了中国作家与俄罗斯普通读者的距离，同时也促进了中国文学的其他作品在俄罗斯国内的传播与交流。其次，基于读者与市场需求的宣传与推广，扩大传播的普及面。文化传播应面向大众群体，深入挖掘俄罗斯各个城市不同年龄、不同阶层读者的爱好，对俄罗斯普通读者的需求情况做广泛而深入的调研，针对共同需求做好文学作品的市场宣传和译介工作，从而准确把握市场需求走向，提高作品的出版发行量。

4. 拓宽传播媒介渠道

首先，要充分利用俄罗斯社交媒体的作用。在新时期背景下，要广泛借助于网络文学平台和小说翻译网站让中国文学作品进入俄罗斯读者的视野，逐步成为主流网络书店的主推产品。另外，我国出版机构也可以对俄罗斯的电子书、有声小说市场进行深度挖掘，与作者、出版商形成合力录制俄文版并投入市场发行。其次，充分发挥俄罗斯孔子学院课堂与文化讲座进行新形式的传播活动。将中国古典文学中诗歌改编而成的诵读与传唱经典在课堂与讲座中体现出来，让俄罗斯学生在听、读、唱、演等方面沉浸式学习汉语文化，将现代文学改编成话剧在俄罗斯剧院与观众们见面，让文学作品真正"活起来"，从视觉、听觉上接受全新的文学体验。最后，通过中俄政府的共同助力，搭建中国文学作品发布平台。近年来，中国文学作品在俄罗斯喜获丰收在很大程度上是双方政府积极推动的结果。两国政府除了在翻译出版上做文章外，还应大力扶持成立中国文学作品发布平台，

---

① 赵静：《新媒体语境下俄罗斯文学作品在中国的传播——以〈普希金诗集〉为例》，《出版广角》2019 年第 21 期。

使之成为文化交流的前沿，让更多的中国文学可以"安家落户"，让更多的俄罗斯读者可以更加便捷地找到自己心仪的作品。

四、结语

文学作为沟通世界的桥梁，对于跨文化交际与文化传播起到了至关重要的作用。中国文学作品的译介和出版推动了中俄两国人民从"相识"走到"相知"，让俄罗斯民众认识到中华民族是一个宽厚隐忍、睿智博爱的民族。为进一步增进两国人民的友谊与两国的人文友好交流，我们在新时期更要重视两国文学作品的互译出版工作，做好中国文学作品在俄罗斯进行多层次、多渠道、多平台的传播。

参考文献

马千铃:《中国当代文学在俄译介与传播》,《中国社会科学报》2018 年第 6 期。

隋艳:《中国当代文学在俄罗斯传播现状和建议》,《中国俄语教学》2017 年第 1 期。

赵静:《新媒体语境下俄罗斯文学作品在中国的传播——以〈普希金诗集〉为例》,《出版广角》2019 年第 21 期。

俄罗斯词源学家特鲁巴乔夫的生平及学术

王晓阳 *

　　摘要：特鲁巴乔夫是俄罗斯杰出的语言学家、词典学家、斯拉夫学家和印欧语语言学家，他为 20 世纪下半叶俄罗斯及世界科学的发展做出了重大的贡献。特鲁巴乔夫的名字与词源学的复兴及兴盛紧密相连。本文在系统研究特鲁巴乔夫的研究成果的基础上，全面概述其研究成果的学术思想，介绍斯拉夫词源学的历史渊源和现状，为促进我国对斯拉夫学以及俄语语言学、文化学、民族学的了解和研究工作提供借鉴。

　　关键词：特鲁巴乔夫；斯拉夫学；语言学；文化；词源学

一、引言

　　奥列格·尼古拉耶维奇·特鲁巴乔夫（Олег Николаевич Трубачёв）（1930—2002）是俄罗斯杰出的语言学家、词典学家、斯拉夫学家和印欧语语言学家，俄罗斯科学院院士。自 1961 年起，特鲁巴乔夫开始担任俄罗斯科学院俄语研究所词源及专名研究处负责人，他为 20 世纪下半叶俄罗斯及世界科学的发展做出了

---

　　*　王晓阳（1977—），男，俄语语言学博士，吉林大学外国语学院教师、副教授，研究方向为俄语语言学、翻译教学研究。

重大的贡献，是俄罗斯词源学的复兴及兴盛的代表人物。①

特鲁巴乔夫曾任俄罗斯最为重要的语言学杂志——《语言学问题》的主编，他还多年担任俄罗斯斯拉夫学学者委员会的主席，受到俄罗斯科学院的多次表彰和奖励（达里金质奖章、普希金奖）。他还是芬兰－乌尔都语协会（Финно-угорское общество，赫尔辛基，芬兰）的成员，南斯拉夫（现名克罗地亚）科学文化研究院成员。

特鲁巴乔夫的基础性研究极大地拓展了词源学研究的界限，将词源学研究纳入到了广阔的语言学和社会文化学空间，雄辩而又直观地展示了词源学在解决重构民族精神文明和物质文明问题中的基础性地位。特鲁巴乔夫所从事的研究是交叉性的科学研究，他汲取了古代历史学、考古学、民族学、历史地理学等相关学科的最新研究成果，将语言学的研究推进到了一个新的境地。特鲁巴乔夫的一些新思想和新发现极大地丰富了词源学的研究，成为后来斯拉夫学研究的基础性理论。② 托波罗夫（В.Н. Топоров）院士非常客观地评价道：特鲁巴乔夫是一位天才的语言学家，拥有百科全书般丰富的知识。对特鲁巴乔夫而言，词源学是人文研究的重要方法之一，在他的研究中，严格的科学方法和深刻的洞察力、优秀的语言直觉和刻苦勤奋浑然天成地结合到了一起。特鲁巴乔夫是一位伟大的科研工作者，对他而言，科学研究是生命的最终意义。特鲁巴乔夫的学术生涯科研成果丰硕，有接近 500 部（篇）作品，部分专著还具有基础学科意义。

二、科研之路简述

特鲁巴乔夫自青年时期就开始了专业的学术研究。他自幼就对各国语言、外来词汇等产生深厚的兴趣。1947—1952 年间，特鲁巴乔夫在第聂伯罗彼得罗夫斯克国立大学语文系的学习生涯对他今后的研究及其发展影响深远。当时特鲁巴乔

---

① Калашинков. А. А, Куркина. Л. В., Петлева. И. П., Олег Николаевич Трубачёв. Вопросы языкознания (3), 2002. p.5.

② Редколлегия журнала, К 70-летию академика Олега Николаевича Трубачёва, Вестник ВГУ, серия лингвистика и межкультурная коммуникация (1). 2001, pp. 131-132.

夫所在的俄语教研室主任斯普林查克（Я.А. Спринчак）是俄语历史句法学方面的专家，他颇为欣赏特鲁巴乔夫的才能。特鲁巴乔夫虽然以语文学（俄语语言文学）专业毕业，但毕业时他已经堪称一名斯拉夫语学者了。特鲁巴乔夫提交了两份毕业论文：主论文是《俄语基础词汇中的共通斯拉夫语词汇》（Общеславянская лексика в основном словарном фонде русского языка），副论文内容则是关于保加利亚文艺复兴的。

1953 年，特鲁巴乔夫进入苏联科学院斯拉夫学研究所（Институт славяноведения）学习，在这里他最终决定了自己研究领域。自 1952 年起，他就在《共青团真理报》编辑部担任编辑，所以他的学习以函授的方式进行。

1961 年之前，特鲁巴乔夫一直在当时苏联斯拉夫学专家伯恩斯坦（С.Б. Бернштейн）的指导下学习。在此期间，他和托波罗夫、伊万诺夫（В.В. Иванов）、托尔斯泰（Н.И. Толстой）和扎利兹尼亚克（А.А. Зализняк）一起，迅速成为颇具前途的语言学家，后来他们都成为斯拉夫学、波罗的海语言学以及印欧语言学方面的专家，直至目前，他们的研究都代表着相关领域研究的世界领先水平。1961 年起，特鲁巴乔夫开始主持俄罗斯科学院俄语研究所词源及专名研究处工作。

自 1958 年起，特鲁巴乔夫就坚持参与组织并参加国际斯拉夫学者大会（Международный съезд славистов）。他关于斯拉夫学研究的报告引起全世界学者的关注和兴趣。特鲁巴乔夫积极地参与在俄罗斯和其他独联体国家（诺夫哥罗德、斯摩棱斯克、梁赞和明斯克等）所举办的"斯拉夫文字节"活动。在这些活动中，他的专题报告通常涉及东斯拉夫语语言起源的一些基础性的问题、通过这种方式，他将这些活动提高到一个更高的层次。

特鲁巴乔夫在年轻的时候就以对科学的满腔热忱、罕见的工作能力、准确性和博学而著称——他当时就能够说印欧语系和斯拉夫语族的主要语言，而就阅读文本和进行语法对比研究而言，他几乎通晓古代印欧语系的所有语言。语言上的天赋为他的研究奠定了坚实的基础。[1] 在研究过程中，他能够引用大量的、不同语种的语料和文献。正是在这一时期，词源学成为特鲁巴乔夫研究的核心方向，

---

① Трубачёв О. Н. Книга в моей жизни. Альманах библиофила, вып. 16, 1984, pp. 11-25.

词源学也多次成为他进行斯拉夫古代社会研究的得力工具。

三、研究成果及其学术思想

特鲁巴乔夫的副博士论文《斯拉夫亲属词和某些远古共同结构的术语的历史》（История славянских терминов родства и некоторых древнейших терминов общественного строя）主要研究斯拉夫语中亲属词的历史（1957 年通过副博士论文答辩）。该论文于 1959 年以专著的形式出版，是当时苏联和世界范围内斯拉夫学研究的轰动性事件之一。文中，特鲁巴乔夫在人类词汇，尤其是印欧语的框架内，对亲属词体系进行了词源学研究，并且考虑到了社会历史、物质文化和民族学等方面的特征。作为一个成熟的、博学的词源学专家，其研究已经达到了当时学术界的先进水平，并为斯拉夫词源学的进一步发展指明了方向。该论文解决了全面研究斯拉夫人亲属关系词汇的发展进化历史问题——从印欧语的状态到斯拉夫语族的现代状态的发展历程，并且包含了丰富的方言材料。该专著对亲属词这一古老的词汇体系在人类词汇、在印欧语系的背景上进行研究，并且借鉴了社会历史、物质文化、民族学等学科知识。他多次在自己的著作中指出：语言记录了社会、民族及其文化最为久远、完整的、连续的历史，语言学可以通过词源学研究的方法揭示这一历史，而就词源研究的实质来说，受到有文字的历史的断裂性和偶然性的影响最小。

1960 年，特鲁巴乔夫出版了《斯拉夫语中家畜名称的起源》（Происхождение названий домашних животных в славянских языках），这是对斯拉夫语中这一领域词汇第一部研究性专著。该专著虽然十分简明扼要，但语料丰富，这些语言材料需在大量的历史文化材料背景下才能得以审视。国内外的学者们认为，不参考这一著作，就无法在该领域开展任何研究。同年，他发表了长篇论文《斯拉夫语中粥类名称历史浅谈》（Из истории названий каш в славянских языках），文中分析了大量的一手材料，语种包括斯拉夫语族中所有语言和方言。这些语言材料表明，斯拉夫人主要是一个从事农业生产的农耕民族，从古至今都将粥类作为其主要的素食。

　　特鲁巴乔夫随后的研究是基于另外的一些词汇类别——斯拉夫语中粥类的名称、家畜名称和手工业术语等，在此基础上，他提出了词源学发展的新方向。他的第三部专著《斯拉夫诸语言中的手工业术语》(Ремесленная терминология в славянских языках, 莫斯科，1966 年) 是他早期著作中内容最为广泛的一部，也是他在 34 岁时的博士论文，其价值不可低估。这该著作以重构斯拉夫人古老的手工业活动形式的词汇构成及其词源分析为目标，揭示斯拉夫人在生产性活动、手工业活动中术语构成的共同特征和普遍规律，涉及纺织、木材加工、陶器制作和铁器生产等方面。书中涉猎的内容可以为术语构成的共同特征及规律进行深刻的说明，令人信服地证实了词源研究在重构物质文化中的巨大作用。这部著作通过与其他语言中相关术语的对比，揭示了斯拉夫语中手工业术语集的特殊性，打开了通向民族语言学之路以及研究古代社会氏族相互关系的途径。这部著作也揭示了古代社会不同生产过程工艺流程的特殊性，而这些工艺流程都可以上溯到古代的编织技术，以此展示了术语的继承性等特征。该书语言精妙、通俗易懂，适合广泛阶层的读者。

　　在此之后，特鲁巴乔夫出版了一些基础性的著作，不容置辩地指出了原始斯拉夫人在多瑙河流域内公元前 4000—3000 年在语言和文化方面的起源。[①] 因此，特鲁巴乔夫在俄罗斯历史研究方面也占据一席之地，尽管他的某些结论可能会引起部分学者的争议。特鲁巴乔夫在斯拉夫学研究方面研究的集大成之作是《远古斯拉夫人的民族起源和文化》(Этногезез и культура древнейших славян)。该著作意在重构远古斯拉夫人（ праславян ）的物质文化和精神文化，并考虑到了印欧语环境的巨大影响，书中举出了大量新的证据来证实远古斯拉夫人曾定居于多瑙河中游地区。[②]

　　专有名词（水文名称、地名和人名）研究是特鲁巴乔夫学术研究的重要对象。1962 年，他和 В.Н. 托波罗夫院士共同出版了专著《第聂伯河上游附近水文名

---

　　① Трубачёв О. Н. Праславянское лексическое наследие и древнерусская лексика дописьменного периода, Этимология, 1994:3-23.

　　② Зайцева И. А., Сатина Т. В., Торосян А. С. Фразеологизмы в русском языке как «хранители» праславянского корнеслова.Филологические науки. Вопросы теории и практики. 2021(14): 2086.

称的语言学分析》（Линвистический анализ гидронимов Верхнего Поднепровья），它奠定了特鲁巴乔夫在这一复杂领域研究的权威地位。该著作研究的主要问题是波罗的海 – 斯拉夫的民族语言相互关系问题。自北向南，随着波罗的海部分的成分逐渐削弱并消失，斯拉夫语部分的内容逐渐扩展。书中同样确立了波罗的海氏族分布的东部边界，尤其是东南部边界，这是先前研究甚少涉及的内容。专著的基本结论如下：斯拉夫居民并不是第聂伯河上游附近的原住居民，而是迁徙至此的。在开发居住有波罗的海居民的土地时，显然，该区域发生了波罗的海 – 斯拉夫语的双语现象，这为波罗的海词汇形式在古俄语语言环境中的分化和重构奠定了便利的条件，同时保留了波罗的海词汇的一些典型形式，而这些形式早就为斯拉夫人所理解。书中举出了大量的例证来说明波罗的海 – 斯拉夫语在词法、语音、构词法等层面的相互影响，而在将第聂伯河上游主要水文地名与波罗的海相关地名进行对比之后发现，第聂伯河上游水文地名中同时包含波罗的海东部和西部地区的地名。

1968 年，特鲁巴乔夫出版了《乌克兰右岸河流名称》（Названия рек Правобережной Украины）。这部著作对当时已经习以为常的关于斯拉夫氏族、波罗的海氏族和其他氏族的古代地域分布情况做出了极为重要的修正，揭示了东斯拉夫语水文名称专名中大量的基础词汇层。他发现第聂伯河上游附近水文名称中包含有大量的波罗的海词源的名称，由此得出结论：在公元 1000 年至 1500 年期间，波罗的海氏族曾经居住于这一区域。特鲁巴乔夫以词源学为主要方法对水文名称进行的民族语言学解释，揭示了右岸乌克兰结构中土耳其、伊朗、波罗的海、德意志种族及其语言所做出的贡献。

人名是专名中的重要组成部分，也是特鲁巴乔夫的重点研究对象之一。在他的著作中，人名研究是从历史文化角度和语言学角度进行的。在对东斯拉夫语词汇进行全面分析的基础上，他提出了斯拉夫语固有专名和称谓词汇相互关系的原则。在大量具体材料的基础上，他概括了斯拉夫人人名构成的规律，提出了基本的人名构成模式。在人名研究领域，他做出的一个巨大贡献是将斯拉夫人人名纳入广阔的印欧语上下文中进行研究，并在此基础上对不同层次的专名进行年代划分。同时，特鲁巴乔夫深入研究了俄罗斯境内目前广泛使用的姓氏来源。

　　另外，特鲁巴乔夫翻译并出版了四卷本的《俄语词源词典》（Этимологический словарь русского языка）。这是迄今为止世界上最为权威的、规模最大俄语词源词典。他将这部词典从德语翻译为俄语，并为其做了大量的补充和注解。该词典已经成为语文学者、历史学家和所有对俄语词源感兴趣者的必备书籍。1986 年、1996 年，该词典的第二版、第三版相继问世。2004 年，莫斯科 Астрель-АСТ 出版社出版了该词典的第四版。这说明了该词典不可替代的学术意义，历久弥新。

　　特鲁巴乔夫一生中的重要事业是编纂《斯拉夫诸语言词源词典：原始斯拉夫语》（Этимологический словарь славянских языков: Праславянский лексический фонд），他提出了"原始斯拉夫语"（праславянский язык）这一概念，该概念是该词典的基础。词典主要解决两个任务：（1）重构斯拉夫人大迁移时代（公元 5—8 世纪）斯拉夫人所使用的词汇体系；（2）追溯斯拉夫语词汇的词源。[1] 该词典涵盖了广泛的词典资料，包括历史词典和方言词典，并对斯拉夫人大迁移时代所使用的词汇做出了最为完整的描写。该词典的第一部出版于 1974 年，目前已经出版了 28 部，并有 2 部即将出版。该词典作为术语的基础性研究，为斯拉夫语的词汇研究，以及整体的斯拉夫文化研究开辟了新的研究领域。[2] 因此，词典基于大量的语言事实材料，成为许多研究的基础，许多学者以此为基础撰写了博士学位论文。

　　特鲁巴乔夫还主持出版了年刊《词源学》（Этимология），这不单单是俄罗斯语言学界的重要刊物，在世界语言学界也举足轻重。他是该刊物的奠基人。1963 年，该年刊的第一卷问世，他在生前一直是该刊物的责任编辑。该刊物重点研究俄语、斯拉夫语和印欧语的词源，作者群体包括全世界范围内的主要词源学家。

　　特鲁巴乔夫一直在科研之路上孜孜不倦地探寻。他多年的科学探索的结果使他可以用广阔的视角来重新审视东自北高加索、西至外喀尔巴阡、达契亚和特兰西巴尼亚这一区域内的整体历史文化。根据古希腊证据、专名学和铭文所包含的

－－－－－－－

① Четырина А. М. Сетевые ресурсы по этимологии русского языка: специфика представления лексикографической информации. Известия Российского государственного педагогического университета им. А. И. Герцена. 2016(7):13.

② 郑述谱：《词汇研究——俄国语言学的靓点——俄国语言学史学习笔记》，《外语学刊》2009 年第 5 期，第 111 页。

残存资料，特鲁巴乔夫重构了北部黑海沿岸的古斯基泰区域内居民的印度－雅利安人成分。他发现并重构了已经消失的、古老的印度－雅利安语的词汇和语法结构，确定了该语言和北高加索语、土耳其语以及早期原始斯拉夫语之间的联系。[①]

四、结语

特鲁巴乔夫是莫斯科词源学派的奠基人。特鲁巴乔夫拥有极为丰富的、百科性的知识，他对问题的分析深刻而准确，他的思想独树一帜、不落俗套。在自己的研究中，他具有高度的原则性和精确性，认真地对待所有和口头语言以及书面语言相关的一切事物和现象。他的著作为词源学的研究奠定了坚实的基础，他的研究也决定了俄罗斯词源学数十年的发展方向。

参考文献

Зайцева И. А., Сатина Т. В., Торосян А. С. Фразеологизмы в русском языке как «хранители» праславянского корнеслова.Филологические науки. Вопросы теории и практики, 2021(14).

Калашинков. А. А, Куркина. Л. В., Петлева. И. П., Олег Николаевич Трубачёв, Вопросы языкознания, 2002(3).

Редколлегия журнала, К 70-летию академика Олега Николаевича Трубачёва, Вестник ВГУ, серия лингвистика и межкультурная коммуникация, 2001 (1).

Т рубачёв О. Н. К вопросу о языке индоевропейского населения Приазовья, 1999.

Трубачёв О. Н. Книга в моей жизни, Альманах библиофила, 1984(16).

Трубачёв О. Н. Праславянское лексическое наследие и древнерусская лексика дописьменного периода, Этимология, 1994.

---

① Трубачёв О. Н. К вопросу о языке индоевропейского населения Приазовья, М.: «Наука», 1999.

Четырина А. М. Сетевые ресурсы по этимологии русского языка: специфика представления лексикографической информации. Известия Российского государственного педагогического университета им. А. И. Герцена, 2016(7).

郑述谱:《词汇研究——俄国语言学的靓点——俄国语言学史学习笔记》,《外语学刊》2009 年第 5 期。

当代中国电影中的俄罗斯和俄罗斯人形象 *

周淑娟　陈晓彤 **

摘要： 电影是增进民族间相互了解的最直观、有效方式之一，也是跨文化构建国家形象的一种强有力的媒介。随着中俄人文领域交流日益密切，两国电影制片人不仅尝试在影片中加入对方国家的文化元素，同时也尝试合作拍摄。近年来，中国银屏上不乏包含俄罗斯元素的优秀作品，其中俄罗斯和俄罗斯人的形象带有明显的传统烙印和鲜明的个性化特征。对国内影片中俄罗斯国家和人物形象进行分析，有助于增进我国观众对俄罗斯的多元理解，同时也增进两国民心相通，提高跨文化交际能力。

关键词： 中国电影；俄罗斯和俄罗斯人；形象分析；模式；文化交流

国家形象的建构方式可以分为自建和他建两种。电影是构建和传播形象的重要媒介，不仅能为受众带来全方位的视听体验，促进国家形象的传播，而且也助于实现跨文化交流，使受众领略文化差异、消除文化隔阂。

在《推动共建丝绸之路经济带和21世纪海上丝绸之路的愿景与行动》中，我国政府提出："沿线国家间互办文化节、艺术节、电影节、电视周和图书展等

---

* 项目来源：吉林省社科项目"俄语名词数范畴语义研究"（2019B183）及吉林省教育科学研究项目"以翻译能力为中心的MTI课堂教学策略研究"（GH180727）的阶段性成果。

** 周淑娟（1981—），女，吉林外国语大学中东欧语学院副院长，文学博士，硕士生导师，研究方向为语义学、语用学；陈晓彤（1997—），女，吉林外国语大学俄语MTI口译专业在读研究生。

活动,合作开展广播影视剧精品创作及翻译。"① 影视作品不仅可以传播民族文化,更是"民心相通"的桥梁,因此,可以通过影视作品呈现中国形象,促进区域交流与合作。近年来,得益于中俄文化的成功对话及包括电影在内的各人文领域合作的迅速发展,中俄对特定情景下的民族心理、文化传统、习俗和行为越来越感兴趣。

在中俄双边文化务实合作的框架内,中俄两国电影制片人都试图借助电影这一媒介来表达对对方国家情况、人民心理、道德和传统文化的理解。随着中俄全面战略协作伙伴关系进入新时代,这些愿望表现得尤为明显。此外,随着中国的崛起和国际社会地位的提高,中国电影所构建的他国形象也逐渐被国际观众接受和认同,潜移默化地影响着本国受众对他国形象的认知。本文以 21 世纪包含俄罗斯元素的电影《紫日》《流浪地球》《囧妈》为例,分析中国人视角中的俄罗斯国家形象和俄罗斯人形象,阐释影视作品是如何帮助中国观众了解俄罗斯国家文化,以此达到增进民族间的相互了解、提高跨文化交际能力的目的。

一、中国电影对俄罗斯及俄罗斯人的认知原型

毫无疑问,中国屏幕上塑造的俄罗斯国家形象及俄罗斯人形象带有明显的模式化特征,其背后有着深刻的历史原因。1989 年,中苏关系的正常化激发了中国电影电视制片人的创作热情。根据苏联同名小说改编的电视剧《钢铁是怎样炼成的》(韩刚,1999 年)和《这里的黎明静悄悄》(毛卫宁,2005 年)引发观众热捧,影视作品中塑造的俄罗斯国家形象和俄罗斯人形象对中国民众的认知产生了重大影响。此外,现代电影电视制片人对俄主题日益关注,除了传统题裁,反映现代俄罗斯的影视剧也相继诞生,例如《俄罗斯姑娘在哈尔滨》(1993 年)、《红樱桃》(1995 年)、《狂吻莫斯科》(1995 年)、《中俄列车大劫案》(1995 年)、《爱在莫斯科》(1996 年)、《战斗民族养成记》(2019 年)等。在历史记忆和影视作品的双重作用下,中国民众对俄罗斯国家形象和俄罗斯人形成了一些相对固定的

---

① 《推动共建丝绸之路经济带和 21 世纪海上丝绸之路的愿景与行动》,中华人民共和国商务部,http://zhs.mofcom.gov.cn/article/xxfb/201503/20150300926644.shtml。

认知模型。例如：俄罗斯是一个很冷的国家，经常下雪；俄罗斯人喜欢喝伏特加，生吃咸鲱鱼；等等。

此外，中国民众对俄罗斯国家形象及俄罗斯人形象的刻板印象与误解，与好莱坞电影的影响密不可分。好莱坞电影中塑造的俄罗斯人形象，大多是凶残的绑匪和毫无节制的酒鬼。但是，随着中俄文化交流的日益密切，中国民众对俄罗斯的认识越来越全面、真实。中国制片人努力抛弃有色眼镜，在银幕上呈现俄罗斯国家和俄国人的真实面目。可以说，新时代中国电影屏幕上的俄罗斯及俄罗斯人的形象已经越来越丰满，正在从单一的传统模式向多元化转变。

二、电影《紫日》中的军事强国

战争片作为国家和民族的集体记忆，对国家形象和人物形象进行塑造时，难免会无法摆脱传统的印象。中国电影制片人在塑造民族和国家形象时，展现的往往也是传统的印象，我们以冯小宁 2001 年导演的电影《紫日》为例。

《紫日》是冯小宁"战争三部曲"中的一部，以平视的态度与方法塑造了立体、真实的苏联人形象。《紫日》讲述了 1945 年 8 月抗日战争即将结束时，一位被苏军解救的中国农民（杨玉福）、一位苏军女军官（娜佳）和一位被俘的日本女孩（秋叶子）激战后逃入深山求生的故事。影片通过生死存亡的斗争场面，塑造了不同的民族形象和国家形象。

由于集体记忆的作用，中国战争片建构的俄罗斯国家形象也是强大的。在影片中，开场有一个苏军进攻日军阵地的画面：日军架着机关枪和火炮躲在战壕严阵以待，但苏军坦克军团秋风扫落叶般突破了日军的防守。虽然日军负隅顽抗，并派出坦克试图阻止苏军，但苏军的钢铁洪流势不可挡，影片以一辆坦克碾压日军步兵的镜头结束了战斗。电影中诸多类似镜头展现了苏联强大的军力，塑造了苏联军事强国的形象。1812 年抵抗拿破仑入侵的卫国战争、第二次世界大战期间苏军的强大战斗力以及冷战期间苏联敢于向美国叫板的军事实力等，是中国人产生"俄罗斯是战斗民族"认知模式的历史基础。

此外，人物形象也从侧面也烘托出国家形象的强大。影片中有很多镜头表现了俄罗斯人坚毅勇敢、宁死不屈的精神。当杨玉福和苏军残余部队误闯日军军营时，虽然苏军士兵大多受伤、势单力薄，但面对装备精良、数量众多、穷凶极恶的日本兵，苏军士兵奋勇杀敌，最终冲出重围。影片着力刻画的苏联男军官和娜佳也象征着苏联的强大。当主人公们在森林寻找逃生之路时，每次走在前面的都是苏联人。遇到小桥、木屋、雷区等未知危险地带时，苏联男军官每次都孤身走在最前。当男军官死后，娜佳亦如此。

三、电影《流浪地球》中的航天强国

2019 年，郭帆执导的中国科幻片《流浪地球》讲述了一个深具象征意义的故事：由于太阳急速衰老膨胀，包括地球在内的整个太阳系都将迅速被太阳吞没。为了自救，人类提出"流浪地球"计划，即在地球表面建造数万座发动机，推动地球离开太阳系，奔往另一个星系。这次行动由一个巨大的空间站控制，而操控该空间站的正是中国宇航员刘培强和俄罗斯宇航员老马，其扮演者分别为中国著名演员吴京和俄罗斯电影演员阿卡迪·沙洛勒拉茨基。

影片中，中俄两名宇航员形象的塑造绝非偶然，他们象征着中俄之间兄弟般的友谊以及中俄两国在太空领域的强悍实力。齐奥科夫斯基的火箭理论、加加林的首次太空之旅、礼炮号空间站以及和平号空间站等，都代表着俄罗斯在太空探索方面的领先地位。正如俄罗斯的宇航员老马在电影中所言："别忘了，一百年前空间站可是我们俄罗斯人发明的……俄罗斯人在太空是无敌的……"这些台词充分彰显了身为太空强国俄罗斯人的自信和自豪。这表明随着中俄文化交流的深入，现代中国电影制片人对中俄关系的态度是积极的。影片中，两位宇航员称兄道弟，一个说要带着孩子去贝加尔湖钓鱼，一个说不如去重庆吃火锅。这不仅意味着双方对对方文化的认可，也象征着中俄的传统友谊。

总体而言，《流浪地球》所塑造的俄罗斯国家形象是积极的，但是，对俄罗斯人嗜酒如命的刻板印象在某种程度上破坏了主人公老马的正面形象。"俄罗斯人嗜酒如命"这一认知模式，既丰富了人物形象，也在一定程度上拉低了人物的道德水准和职业素养。不过，伏特加酒对影片情节具有重要的推动作用：正是这

瓶酒帮助他们发射了巨大的引擎，使地球脱离了太阳系。老马的牺牲一方面体现了俄罗斯人的责任意识，另一方面也隐喻着俄罗斯人思想意识中根深蒂固的"弥赛亚"精神。

四、《囧妈》中的多维俄罗斯形象

2020 年 1 月，徐峥执导的以俄罗斯国家和俄罗斯人为背景的贺岁喜剧电影《囧妈》上映，电影主要讲述了小老板徐伊万缠身于商业纠纷，阴差阳错地和母亲坐上了去往莫斯科的火车。在六天六夜的旅途中，母子之间经历了压抑、爆发、争吵、出走，最终互相理解的过程。影片详细展示了中、蒙、俄的自然风光和人文风光，极大地满足了观众对异域，尤其是俄罗斯风情的期待。整体而言，影片中的俄罗斯国家形象是积极、正面的。

《囧妈》本质上是部公路电影，向观众展现了一个到处是广袤无垠、白雪皑皑的茂密森林，冬季异常寒冷、多雪，且常有黑熊出没的国家，和中国民众对俄罗斯的传统认知完全契合。而莫斯科的城市美景则采用航拍的方式，以鸟瞰的视角展现，效果震撼。随着故事情节的发展，俄罗斯独特的人文风景——歌曲、套娃、伏特加、民宿、婚礼、建筑、芭蕾等，一一呈现在观众眼前，既给观众带来了愉悦的视听体验，也加深了观众对俄罗斯形象的认知。

主角徐伊万和母亲争吵后误入林地雪场，遭遇野熊攻击时被当地居民搭救，在留宿期间又参加了一场婚礼。而他的母亲为了弥补遗憾，抵达莫斯科大剧院，和当年曾经在莫斯科一起工作过的同事们演唱俄罗斯著名歌曲《红莓花儿开》，引起了观众的共鸣。这些情节不仅展现了俄罗斯人民热情好客、正直善良的个性，也向观众传达了融洽的中俄关系。

作为电影中的次要人物，性感漂亮的俄罗斯女孩娜塔莎出场的时间虽然不长，但人物形象塑造得非常丰满，从多维角度反映了俄罗斯人的性格特点：独立、自主、感性、冲动。她只身一人在列车上时，拒绝徐伊万的帮助，徐伊万称其"不愧为战斗民族"。得知男友背叛自己，娜塔莎毫不犹豫地扔掉了男友送给自己的戒指，并怂恿徐伊万扔掉结婚戒指，但当男友跪地寻求谅解时，却又不计前嫌地原谅了男友，表现了敢爱敢恨的直爽性格。

总的来说，这部电影对俄罗斯风土人情的描述相对公允，充分体现了"一带一路"倡议背景下中国电影制片人对俄罗斯民族的善意。

五、结语

中俄山水相连，历史源远流长以及中俄全面战略合作伙伴关系，中国电影中越来越多地涉及俄罗斯文化元素。文化交流是"一带一路"倡议的灵魂。"一带一路"倡议的提出，标志着中国向国际社会发出了明确的信号，要勇于承担自己的"大国责任"，帮助沿线国家发展并分享自己的发展经验。与此同时，中国文化走出去的前提是了解他国民族文化。中俄电影制片人也试图以联合拍摄电影的方式促进两国人民之间的"民心相通"，如比较典型的《战斗民族养成记》（2019年）。因此，中俄电影制片人需要做好充分的准备，摒弃成见，善意对待异国文化，摆脱好莱坞电影的影响，不断加深彼此文化间的了解，避免刻板化的印象，在银幕上呈现真实可信的国家形象。

参考文献

[德] 胡戈·狄泽林克：《比较文学导论》，曹顺庆、王向远、方维规译，北京师范大学出版集团，2009。

保建云：《基于"一带一路"倡议的习近平国际战略观》，《马克思主义研究》2019 年第 6 期。

董青岭：《国家形象与国家交往刍议》，《国际政治研究》2006 年第 3 期。

吕丽：《文化共生语境下中国电影的俄罗斯传播》，《电影评介》2022 年第 2 期。

汪银萍：《〈囧妈〉：俄罗斯叙事空间中的多元文化叙述表征》，《电影评介》2021 年第 20 期。

王作剩：《对镜自省：中国电影中的俄罗斯形象》，《电影新作》2021 年第 5 期。

吉林省萨满文化旅游产品开发研究

赵云双 *

摘要：近年来，为积极响应国家扶持和发展传统文化相关政策，各地政府相继开始注重具有本地特色的旅游产品开发。吉林省的历史渊源与地理位置都十分适合发展萨满文化旅游，因而，笔者认为，吉林省政府需要对现有的旅游地区和特色产品进行深度开发，不断提供与时俱进的旅游产品。开发吉林省萨满文化旅游产品不仅是对萨满文化的传承，更能拉动吉林省旅游经济，从而达到促进吉林省经济发展的目的。

关键词：萨满文化；旅游产品开发

2016 年，作为"十三五"的开局之年，《中共中央关于制定国民经济和社会发展第十三个五年规划的建议》提出"发扬传统文化，振兴传统工艺"。为了积极响应国家扶持和发展传统文化这一政策，我国在旅游事业方面更加地注重旅游产品开发。在这方面，北京故宫博物院起到了领军带头作用。早在 2013 年，北京故宫博物院就开始进行具有鲜明特色的文创产品开发，在 2015 年其文创产品销售额达到了 10 亿元。这样不仅能将本地的传统文化传达给旅游者，也能将这一文化传播出去，让更多人感受到传统文化的艺术魅力，在能够带动经济发展的同时，也带动了当地就业。不仅使视觉传达、产品设计等多个专业的人才能够学

* 赵云双（1977—），女，吉林外国语大学讲师，硕士，研究方向为农村电子商务、农产品出口。

以致用，充分发挥其专业所长，同时还能解决社会剩余劳动力、增加国家税收，可谓利国利民。故宫博物院的成功实践为传统文化资源的深度开发提供了范例。

吉林省作为信奉萨满教的主要民族——满族的重要发祥地之一，在吉林省发展萨满文化旅游便自带其自身优势，其历史渊源与地理位置都适合发展萨满文化旅游。因此，这对在吉林省开发萨满文化旅游有一定的说服力。

一、吉林省萨满文化旅游产品开发现状

（一）萨满文化的旅游资源

日前我国萨满文化旅游资源开发最集中的地区当属吉林省。其中，吉林省内著名的萨满文化旅游地点如下。

1. 伊通牧情谷

作为萨满主题的风情园区，伊通牧情谷旅游风景区富含独特的萨满文化和浓郁的民俗风情，是萨满文化展示的重要基地。景区由萨满文化展览馆、神路、图腾柱等几个特色旅游景点组成，每一处景点都有其典故或传说，游客可以体会神秘的萨满文化气息，最大限度满足旅游者的观光感受。

园区对满族萨满文化旅游资源的规划与开发遵循原真性与商业化结合，并在游园中加入体验式的特色开发，同时与周边旅游资源及生态相协调，最终将萨满文化艺术更加有效地融入旅游资源开发中。

2. 萨满文化之乡——九台市

据九台市旅游局巩志强局长介绍，九台市被命名认定为"萨满文化之乡"后，一方面将加大保护力度，进一步唤起人们保护非物质文化遗产的自觉意识，如建立萨满文化博物馆等；另一方面将在丰富的萨满文化资源的基础上开发出系列的旅游项目，包括开辟萨满风情园、培育萨满表演团体等。另外，当地还将开发出一批萨满文化旅游纪念品，如萨满剪纸、萨满脸谱、萨满黑泥画等，并规划设计一批萨满旅游节庆活动，如萨满捕鱼、泼雪、登山、祭祖等。

3. 长春龙湾生态旅游区

长春龙湾生态旅游区是国家 AA 级景区。该旅游区是以萨满文化为主、以生态自然风貌为依托，集古今文化、休闲度假、娱乐健身，融观赏性、参与性、娱乐性、趣味性于一体的近郊自然生态旅游园区。园区分为生态休闲度假区、萨满风情园、康体拓展乐园、仙山林苑古文化遗址四大景区，拥有萨满祭祀、萨满演艺城、观河亭、娱乐拓展项目等五十余处景点设施。游客来到九台山，便能在群山怀抱、四季常青的氛围中，实现都市人回归自然、释放自我、洗练心灵的纯朴愿望。景区主打休闲、度假、娱乐，游客可以在园区中通过游览梭罗杆子、萨满牌坊体会萨满文化特色。

（二）萨满文化旅游产品

2016 年，中国首届萨满文化艺术高端论坛在长春大学举行，论坛坚持"传承与创新"理念，吸引萨满文化专家、学者、艺术家共同讨论，并发表了《关于萨满文化遗产的思考》《用新技术、新方法推动萨满文化产业化》等理论分析成果。这对推动萨满文化艺术科研、教育、市场之间交流互动具有重要意义。这一举措将吉林省萨满文化艺术研究与创作推向新的发展阶段。在这其中，部分学者认为，发展萨满文化尤为重要的是大力推广能够体现萨满地域特色和民俗文化特点的代表性工艺礼品。

1. 萨满剪纸

萨满剪纸可以分为祭祀祝祷类剪纸、占卜治病类剪纸以及象征神灵的剪纸三大类。祭祀祝祷类剪纸，通常表现萨满祭祀时的场景，这个类型的剪纸最富神秘色彩，也更能让我们了解真实的萨满教祭祀活动。占卜治病类剪纸描述了萨满在做法事为族人治病时的状态，并将辅助工具水、火、木器、金器等融入剪纸创作中。剪纸作为及其常见的旅游产品，它便于携带且价格优惠，将精美的剪纸裱在相框里，便是一幅充分体现了萨满文化的艺术作品。

2. 萨满面具

萨满面具的形态以及色彩会让人有一种极为夸张的感觉，但这正是源于满族人民对自然界的尊敬和崇拜。面具上的动物、植物图案是结合他们的生活而创造出来的，这都代表着他们对大自然的热爱与崇敬，体现了萨满文化作为代表性民俗文化的审美习惯。

3. 萨满表演

九台市当地政府以及文化传承人，根据传承的萨满文化的特殊，开发了一些萨满文化气息浓郁的旅游表演节目，为当地的旅游经济的繁荣做出了巨大的贡献。在具有萨满文化的地点旅游，再欣赏一场萨满表演，对游客来说，是一次意义非凡的萨满文化之旅，有利于萨满文化的传承。

4. 萨满庆丰收仪式

2018年是吉林省举办中国农民丰收节的第一年，在吉林省九台市其塔木镇举行。在萨满文化庆祝丰收的仪式活动中，不仅有参观关云德满族博物馆的行程，而且有完成的杀猪祭祀萨满活动。

二、萨满文化旅游产品开发过程中存在的问题

随着经济的发展，人们的生活水平随之提高，由此更需要精神文化方面的滋养。目前，许多人对萨满文化这种富有民族特色的文化充满好奇，不仅想了解萨满文化的本身，也想了解萨满美食、萨满剪纸以及萨满音乐等。因此，具有萨满文化特点的旅游地区需要进一步开发吸引游客的产品。

（一）缺乏对现代消费者心理的创新探索

首先，上述的已经开发的产品，其方式则多为静态展示，并未大规模开发游客参与和体验的互动式旅游项目。现有的现场体验型旅游活动也多为参观现场家祭和观看表演，游客参与感不强。

其次，开发者在文化产业领域一味注重传承，也不了解游客仅能参观文化博物馆、观看萨满仪式等。由此可见，开发者并没有深入调查研究消费者心理，因而不能进行与时俱进的调整，不利于旅游经济的后续发展。

（二）旅游纪念品种类单一，没有形成品牌效应

一方面，吉林萨满文化旅游纪念品种类相对单一，主要集中在剪纸、面具等

较为简单的品类，大大限制了消费者的选择。可以看出，相关领域对萨满文化色彩的艺术文化品、传统服饰、生产生活方式等缺乏深入挖掘，且在吉林省的不同萨满文化区，旅游纪念品的种类趋同。这必然会影响消费者的文化体验，降低对旅游纪念品的消费预期。

总之，萨满文化是吉林文化旅游产业最重要的资源，而加强对萨满文化旅游纪念品的设计，也是推动文化旅游产业发展的重要环节。多种多样的旅游纪念品能够传递出深厚的文化内涵，为消费者提供多样化选择。因此，相关企业在探索文化旅游发展路径过程中，应依托萨满文化特色，兼顾艺术与技术、原创与延续、传承与创新、功能与审美，设计出既符合民族文化特色，也能反映时代发展趋势的旅游文化产品，进而推动吉林省内萨满文化旅游产业持续发展。

此外，对东北地区萨满文化旅游产品的营销推广力度不够，至今还没有推出其主打旅游产品系列或者爆款产品。因此，相关企业需要根据消费者的反馈情况不断地改良产品，当地相关部门也要打造吉林省独有的萨满文化旅游产品，形成满足市场需求的核心文化品牌。

三、具有萨满文化特色的旅游产品开发策略

吉林省萨满文化的特色旅游产品，不仅是旅游纪念品，还有呈现给游客的特色旅游文化产品，如萨满表演、萨满舞蹈体验等。

（一）开发具有萨满文化特色的旅游纪念品

1. 精细制作工艺

与其他制造业产品相同，制作工艺，会让原本成本低廉的纪念品产生数倍的附加值。脱离了高质量、精细做工、精良选材的旅游产品，即使有再独特的文化底蕴，也不会赢得消费者的垂青。

2. 加入工业设计理念

工业设计理念起源于欧洲，看似简单的改动，不仅会使原本呆板的造型和图案变得生动时尚，还为一些功能性的纪念品简化其操作，体现人性化理念。同时，

加人工业设计的旅游产品会使产品更具有现代意味。

（二）打造具有萨满文化特色的书屋

根据各地萨满文化旅游区的大小，建造图书室或者小型图书馆。具体可将其分为三部分：首先是读书区域，可以查找到与萨满文化相关的图书；然后是展览区域，展示萨满图腾、剪纸、面具、美术作品或者刺绣等；最后是休闲区域，提供免费的萨满音乐、影像进行欣赏。

（三）萨满舞蹈体验和萨满符号绘画体验

如若能在游客亲身体验萨满舞蹈的同时，了解舞蹈动作的含义，明晰萨满文化的意义，这将对萨满文化的传播有极大的益处。萨满文化有很多图腾和特殊的符号，领略其含义是旅游者体验萨满绘画的宗旨之一。同时，在领略其文化特色的过程中，游客可以把自己绘制的作品进行加工，如专业老师进行题字或题词，或者请专业的绘画人员进行进一步创作。

（四）萨满文化下的音乐治疗

萨满文化中蕴含的音乐治疗思想源自远古时期的巫乐医疗。萨满文化下音乐治疗的功能、结构形态与程式化的治疗仪式，不但具有传统萨满文化特征，还具有现代音乐治疗的文化属性。医疗民族音乐学、社会学、音乐治疗学、心理学等学科领域将萨满音乐治疗视为一种传统的以口传心授方式的治疗模式，并没有将其视为一种单纯的宗教治疗仪式。

（五）萨满博物馆

吉林省的萨满博物馆目前有三个，分别在吉林省的长春市、白山市和长白山。但其实在九台市其塔木镇当地博物馆，也有陈列部分关于萨满文化的展品。在吉林省萨满文化分布的相关地区，都可以进行萨满文化的传播。例如，在客流量大的旅游景区陈列部分具有代表性的萨满美术作品、面具等萨满文化展品。

四、结论

　　萨满文化是吉林省文化旅游产业极为重要的资源。因此，加强对萨满文化产品的开发设计，是推动吉林省文化旅游产业发展的重要环节。企业在探索文化旅游发展路径过程中，应依托萨满文化特色，兼顾艺术与技术、传承与创新，设计出既符合民族文化特色，也能反映时代发展趋势的旅游文化产品，进而推动吉林萨满文化旅游产业持续发展。

　　吉林省丰富的萨满文化资源是其宝贵的文化财富，具有极高的旅游开发价值和市场前景。开发吉林省萨满文化资源顺应了游客市场的增长需求，能够满足人民群众日益旺盛的文化体验需求。萨满文化旅游业的发展潜力是无穷的，不仅能为旅游行业的产业提高效益，还能提高文化的创意效益，从而发扬我国的传统文化。今后，通过当地政府正确的引导，萨满文化旅游产业定可以为吉林省的经济社会繁荣发展做出应有的贡献。

参考文献：

黄南南：《基于萨满文化的长白山旅游纪念品设计研究》，《艺术科技》2016年第 10 期。

刘爽：《满族萨满文化传承与保护研究——以吉林省九台地区为例》，延边大学硕士学位论文，2019。

刘绪均：《吉林省满族萨满文化旅游研究》，长春大学硕士学位论文，2018。

马艺璇：《东北萨满文化旅游衍生品的设计与应用探究》，长春理工大学硕士学位论文，2019。

王欣路、张勇：《萨满面具元素在旅游文化产品设计中的应用研究》，《新闻传播》2020 年第 1 期。

张磊、汤景良：《吉林萨满文化旅游纪念品设计探讨》，《现代交际》2019 年第 14 期。

张勇：《萨满文化视界下音乐治疗探源》，《音乐探索》2020 年第 1 期。

经济与社会发展研究

长春市东北亚区域中心城市
形象评价及提升策略研究*

王海燕　崔圣楠**

摘要：本研究在对国际性区域中心城市形象建设相关研究进行文献综述的基础上，构建了包括经济发展、文化创新、国际开放及幸福宜居要素的东北亚区域中心城市形象评价指标体系，设计了基于熵值法的东北亚区域中心城市形象评价指数模型，并通过采集基础数据进行实际测算分析，发现了吉林省长春市东北亚区域中心城市形象建设中存在的问题及成因。最后从政府、企事业单位及市民层面提出了提升吉林省长春市东北亚区域中心城市形象的对策建议。

关键词：东北亚区域；中心城市；城市形象

---

　* 基金项目：吉林省教育厅"十三五"社会科学项目"中国—东北亚博览会与长春市区域中心城市形象互动发展研究"，项目编号 JJKH20201222SK。

　** 王海燕（1979—），女，教授、博士研究生，研究方向为品牌管理、信息行为；崔圣楠（1998—），女，硕士研究生，研究方向为营销管理。

一、引言

2016 年，中共长春市委十二届九次全体会议审议通过了《深入实施创新驱动发展战略，加快东北亚区域性中心城市建设的若干意见》，同年 12 月，中共长春市委在第十三次代表大会报告中进一步指出："未来五年要始终突出建设东北亚区域性中心城市"，至此，长春市确定了建设东北亚区域中心城市的发展定位，也正式开始了东北亚区域中心城市建设的步伐。

东北亚区域覆盖了俄、蒙、韩、朝、日和我国黑、吉、辽、内蒙古（部分）等四省（区），区域面积近 900 万平方千米，拥有人口 3 亿多，区域生产总值约占世界的 20%、亚洲的 70%。在经济全球化和区域一体化的进程中，在东北亚地区内推进实施"一带一路"倡议的同时，各国之间的经贸合作也随之越来越紧密，成为整个世界经济发展中极具增长潜力的区域之一。

长春市地处东北亚区域几何中心地带，是我国东北地区的重要城市，担负着我国全面振兴东北地区和实施东北亚区域"一带一路"倡议的带头作用。长春市在经过长期的建设和发展，社会、经济、技术及文化等领域取得了长足的进步，具备了建设东北亚区域中心城市的雄厚基础，也已展现出了东北亚区域中心城市的基本雏形。但是，长春市目前作为东北亚区域中心城市，其认可度不高、知名度不响，特别是其城市形象建设、当前发展水平以及未来发展走势尚不清晰，这些都是需要尽快解决的问题。

为了进一步全面考察长春市东北亚区域中心城市形象建设过程中取得的成绩及其存在的问题，探讨促进长春市东北亚区域中心城市形象建设和发展的针对性对策，本研究在对国际性区域中心城市形象建设相关研究文献概述的基础上，构建东北亚区域中心城市形象评价方法，并通过采集基础数据对长春市东北亚区域中心城市现时形象进行实际测算及分析，发现长春市东北亚区域中心城市形象建设和发展中存在的问题及成因，并从政府、企事业单位及市民等层面提出提升长春市东北亚区域中心城市形象的对策建议。

二、长春市东北亚区域中心城市形象评价方法的构建

长春市东北亚中心城市形象评价涉及指标体系构建和评价方法设计两个方面。

（一）指标体系的构建

首先，对长春市东北亚区域中心城市形象进行评价要确定其评价指标体系。结合学术界对世界城市以及国家中心城市等形象评价指标体系的研究成果，本文归纳设计了适用于长春东北亚区域中心城市形象评价的指标体系，其中选定经济发展水平、文化创新水平、国际开放水平、幸福宜居水平等四方面一级指标，选取全球五百强企业、第三产业占 GDP 比重、城市化率、GDP 总量、GDP 增速、高端生产性服务业公司等二十五个方面下二级指标，并依据对全球城市评价标准、国家中心城市评价标准及长春市 2049 年发展规划等资料的分析，设定了各项指标形象评价的参考值，具体内容如表 1 所示。

表 1 长春市东北亚区域中心城市形象指标体系及参考值

一级指标	二级指标	指标形象参考值
经济发展指标	全球五百强企业（个）	10
	第三产业占 GDP 比重（%）	60
	城市化率（%）	88
	GDP 总量（亿元）	10000
	GDP 增速（%）	7
	高端生产性服务业公司（个）	10
	航空旅客吞吐量（万人次）	4000
	航空货邮吞吐量（万吨）	30
文化创新指标	百万人口专利授权数量（件）	400
	R&D 经费投入占比（%）	3
	普通高校在校生数量（万人）	50
	全球 Top500 名高校（所）	3
	受高等教育教育人口占比（%）	30

一级指标	二级指标	指标形象参考值
国际开放指标	实际利用外资总额（亿美元）	80
	国际友好城市数量（个）	30
	国际游客数量（万人）	400
	外贸进出口总额（亿美元）	300
	国际学生占比（%）	5
	国际组织与机构（个）	10
	国际航线数量（条）	40
幸福宜居指标	人均住房面积（平方米）	36
	生活垃圾无害化处理率（%）	100
	人均公园绿地面积（㎡/人）	17
	文艺活动场次（次）	300

（二）评价方法的设计

为了综合评价长春市东北亚区域中心城市形象现状，本文构建如下中心性形象指数评价模型，从经济发展、文化创新、国际开放和幸福宜居等方面开展具体评价，以认清长春市东北亚区域中心城市形象建设的现时影响或水平。

首先，根据熵值法确定各项指标的权重：

$$e_j = k \sum_{i=1}^{m} y_{ij} \ln y_{ij}$$

$$k = \frac{1}{\ln m}$$

$$W_j = \frac{1 - e_j}{n - \sum_{j=1}^{n} e_j}$$

在上述中，y_{ij} 是第 i 个方面第 j 个指标标准化之后的信息熵值，k 属于归一化因子，e_j 是指第 j 个指标的信息熵值，W_j 则是我们所求的第 j 个指标具体权重值。

根据目标城市现在的具体数值与东北亚区域中心城市指标形象参考值即可求得各个指标的形象建设进展值。

$$F_j = \frac{R_j}{S_j}$$

上式中，S_j 为第 j 个指标东北亚区域中心城市形象参考值，R_j 为第 j 个指标目标城市形象现状值，F_j 则为第 j 个指标目标城市形象建设进展水平。

对第 i 方面的各指标进行权重求和即能得到其中心性形象指数：

$$Q_i = \sum_{j=1}^{n} W_j \cdot F_j$$

上式中，i 为各个方面，j 为各方面对应的第 j 项指标，Q_i 为第 i 个方面的中心性形象指数。

三、长春市东北亚区域中心城市形象的评价与分析

本节对长春市东北亚区域中心城市形象评价基础数据采集过程做出说明，应用所采集到的基础数据进行现时形象实际测算和评价，并对形象建设发展中存在的问题不足及成因做出分析。

（一）长春市东北亚区域中心城市形象评价的数据采集

本研究对吉林省及长春市统计局官网进行了数据查询，也对前瞻数据网、知乎网、百度贴吧、百度文库、中国知网、吉林省留学生服务中心官网、长春发布等众多可靠信息来源相关数据进行了收集，还对省、市贸促会、长春龙嘉国际机场等部门单位相关专业人员进行了问询采访，在此基础上获取了有关长春市各方面近五年各项指标最高水平的实际数据，具体如下：全球五百强企业 1 个、第三产业占 GDP 比重为 51.8%、城市化率为 59%、GDP 总量为 7176 亿元、GDP 增速为 17.3%、高端生产性服务业公司 5 个、航空旅客吞吐量为 1400 万人次、航空货邮吞吐量为 8.9 万吨、国际航线数量 36 条、百万人口专利授权数量为 2036 件、R&D 经费投入占比为 2.67%、普通高等学校在校生数量为 59.6 万人、全球 Top500 名高校 1 所、受高等教育人口占比为 20%、实际利用外资总额达到 98 亿美元、国际友好城市数量为 20 个、国际游客数量为 46.5 万人、外贸进出口总额

为 333.37 亿美元、国际学生占比为 4%、国际组织与机构 4 个、人均住房面积为 32.4 平方米、生活垃圾无害化处理率达到 100%、人均公园绿地面积达到 26.8 平方米每人、千人医生数量达到 8 人、文艺活动场次为 60 次。

（二）长春市东北亚区域中心城市形象存在问题及成因的分析

通过使用前述计算公式，可以看出，长春市东北亚区域中心城市形象建设中经济发展水平、文化创新水平、国际开放水平及幸福宜居水平四大方面指标形象值分别达到 0.56、0.77、0.69 及 0.84。由此看来，长春市幸福宜居形象建设方面得分值较高，但参考国际性中心城市等高建设标准看还存在明显不足。

首先，在经济发展方面，尽管长春市在 GDP 增速上处于高位运行，第三产业占 GDP 比重也比较高，但全球知名大企业公司及高端生产性服务企业公司数却很少，货物及人员流动枢纽作用也不显现，城市化率还有待进一步提升。总体而言，长春市经济发展还不够繁荣，经济中心地位还不突出。

其次，在文化创新方面，尽管长春市在专利授权数量和普通高校在校生数量方面达到标准水平，但 R&D 经费投入占比和受高等教育人口占比两项指标还未达标，特别是全球顶尖高水平高校或研究机构数量甚少。总体而言，长春市文化创新水平还有较大的提升空间。

以及，在国际开放方面，尽管长春市在实际利用外资和外贸进出口方面达到标准水平，在国际学生占比和国际航线数量两项指标上也有较好的表现，但其国际友好城市和国际组织及机构建设方面还存在较大差距，特别是在吸引更多国际旅游者方面缺失巨大。总体而言，长春市国际化开放程度还需要大力提升。

最后，在幸福宜居方面，长春市在生活垃圾无害化处理率、人均公园绿地面积和千人医生数量三项指标上均达到较高标准水平，人均住房面积也接近标准水平，但在举办大型文艺活动场次指标上还有不小的差距。总体而言，长春市幸福宜居水平还需要再上新台阶。

四、长春市东北亚区域中心城市形象提升策略的建议

建设长春市东北亚区域中心城市进而提升其形象，各级政府将发挥着重要作用，同时在长春市地区的企业公司、事业单位及广大市民也都扮演着重要角色。本节从政府、企业事业单位及市民等三个层面提出相关策略建议。

（一）政府层面的策略建议

想要把长春市建设成为东北亚区域中心城市，必须着重发挥政府的作用，具体包括以下三个方面。第一，要积极争取中央政府的支持。要从实施东北亚区域国家"一带一路"倡议及东北老工业基地全面振兴的高度，把建设长春市东北亚区域中心城市纳入国家发展战略并加大力度予以支持，要在投资、税收、高新开发区建设、对外开放窗口建设、城市基础设施建设等方面出台积极政策，促进长春市全方位快速发展。第二，吉林省政府要加大支持力度。省政府要进一步突出长春市在整个吉林省的核心主导地位，要加大长春市强省会城市建设力度，把重点项目尽可能多地安排在长春市区域内建设，并做好长春市与省内其他地市的对接工作，不断加强长春市对其他地市的拉动带动作用，不断扩大长春市对周边地区的影响作用。第三，要发挥长春市政府主导作用。长春市政府及各开发区管委会是建设长春市东北亚区域中心城市的规划者和实施者，因此要坚持定力、持之以恒、久久为功。这就要求长春市政府要做好顶层规划和设计，分阶段突出重点地开展具体工作，对照经济发展、文化创新、国际开放、幸福宜居等方面指标要求，发现已有优势和现存问题及短板，并确定目标、压实责任，针对性地解决实际问题。在这一过程中，特别是要抓好有重大影响的大型建设项目及大型经贸文体活动，如要加快中韩（长春）国际合作示范区、长春空港经济开发区、长春国际汽车城、长春莲花山生态旅游度假区、长春国际影都等项目的建设步伐，持续提升中国（长春）东北亚博览会、长春消夏艺术节、长春瓦萨国际滑雪节、长春电影节等活动的质量和影响力。

（二）企事业单位层面的策略建议

长春市地区内的企业事业单位，特别是大型骨干知名的企事业单位，在长春市东北亚区域中心城市形象建设中也要发挥积极作用。各企事业单位应该结合自身优势，不断创新，通过自身的发展促进的长春市发展。大型骨干企业，如长春一汽集团、长春轨道客车、长春商业卫星、长春生物制药、长春皓月牛肉、长春长影世纪城、长春冰雪大世界等，要鼓足干劲、拼搏向上，不断扩大自身经营规模，持久扩散自身形象影响，特别是要在产品服务创新、海外市场开拓及规模品牌排名等方面实现突破性进步。已有的知名事业单位，如吉林大学、东北师范大学、长春理工大学、中国科学院长春分院、中国科学院长春光学精密机械与物理研究所、吉林省农业科学研究院、吉林大学各附属医院、长春市各大型展会如中国（长春）东北亚博览会、长春农博会等展会举办机构，要发挥已有优势和自身的影响，积极在人才储备及培养、科研创新、专利创造、国际交流、文化素质提升等方面做出更大的贡献。

（三）市民层面的策略建议

长春市东北亚区域中心城市建设及其形象提升也离不开长春市广大市民的参与及贡献。广大市民要树立社会主义核心价值观，强化民族意识及国家观念，做遵纪守法的公民，不断提升及展示高素质的城市市民形象。广大市民要响应各级政府、社区及企事业单位的号召，积极参与相关公益活动，并主动传播这些活动的正能量意义。因此，广大市民要从日常身边小事做起，特别是要在建设美好家园、营造和谐氛围、享受舒适生活等方面贡献自己各自的力量。

结论

本文参考现有研究文献，结合长春市东北亚区域中心城市形象建设的实际，构建了以中心性指数为基础的形象评价方法。同时通过采集基础数据测评了经济发展、文化创新、国际开放和幸福宜居等四方面形象建设的实际发展水平，发现了其中的问题及不足，分析了其背后成因。笔者在此基础上，从政府、企事业单位及市民等层面提出了长春市东北亚区域中心城市形象提升策略建议。综上所述本研究对相关主体今后做好长春市东北亚区域中心城市建设进而提升其形象实际工作有重要的指导价值。

参考文献

顾伟男、申玉铭：《我国中心城市科技创新能力的演变及提升路径》，《经济地理》2018 年第 2 期。

郭宝华、李丽萍：《区域中心城市机理解析》，《重庆工商大学学报（西部论坛会）》2007 年第 2 期。

国家计委国土开发与地区经济研究所课题组：《对区域性中心城市内涵的基本界定》，《经济研究参考》2002 年第 52 期。

何子张：《量力而行经营城市形象》，《城市规划》2003 年第 5 期。

江曼琦：《对城市经营若干问题的认识》，《南开学报（哲社版）》2002 年第 5 期。

李广斌、王勇：《袁中金城市特色与城市形象塑造》，《城市规划》2006 年第 2 期。

李晓江、郑德高：《人口城镇化特征与国家城镇体系构建》，《城市规划学刊》2017 年第 1 期。

李学鑫、田广增、苗长虹：《区域中心城市经济转型：机制与模式》，《城市发展研究》2010 年第 17 期。

刘卫东：《城市形象工程之我见》，《城市规划》2003 年第 4 期。

罗志高：《区域性中心城市建设的多维取向：分析成渝城市群》，《改革》2018 年第 1 期。

清华大学建筑学院：《长春市建设东北亚区域中心城市指标体系研究及其现状水平分析》，《城市与区域规划研究》2017 年第 38 期。

杨朝辉：《区域文化整合视角下的城市形象建设——以黄河三角洲中心城市东营市为例》，《中国石油大学胜利学院学报》2015 年第 4 期。

俞滨洋：《城市规划·城市经营·城市品牌》，《城市规划》2002 年第 11 期。

在华日企跨文化管理冲突及优化对策

高博扬　李燕玉 *

摘要： 随着我国改革开放的不断深化，越来越多的日资企业开始在中国设立子公司或分公司。大多数日资企业从风险防控、标准化管理等角度考虑，选择派遣驻日籍管理者进入中国的分支机构，并令其参与企业日常经营决策和战略管理。然而，鉴于在华日企主要由中国员工组成，日籍管理者在日常管理过程中会不可避免地面临由文化差异所引发的中日跨文化冲突，而这些冲突会在一定程度上增加企业管理成本、激化内部矛盾，给企业的未来发展带来不确定因素。总之，针对在华日企跨文化管理冲突，需要从文化差异的角度探究其原因，并提出可行的优化方案，成为加强在华日企内部控制、改善日企劳工环境以及恢复日企在华投资信心的关键。

关键词： 在华日企；文化差异；跨文化冲突；内部控制

一、中日文化差异

中日两国之间跨文化冲突的发生基本源于两国之间显性或隐性的文化差异。而中日之间的文化差异，主要可以从文化包容性、企业权力距离、男女社会地位、

---

* 高博扬（1995—），男，吉林外国语大学国际商学院国际商务专业研究生；李燕玉（1978—），女，博士研究生，吉林外国语大学国际商学院讲师，研究方向为东北亚区域经济。

个体与集体的关系这几大角度进行概括。从文化包容性角度来看，中国文化更加多元开放、兼容并包，而日本根深蒂固的民族主义导致日本在文化层面的开放程度不高。从企业权力距离的角度来看，虽然两国都属于权力距离较大的国家，但中国实行扁平化管理的企业更多，职场上个人能力突出的年轻员工能够迅速得到重用，而许多缺乏创新能力、工作效率下降的老员工可能面临被淘汰的风险。相比之下，日本人的等级观念更为突出，年龄和资历要排在个人能力之上。从男女社会地位的角度看，中国在性别差异对待方面相较日本更为平等，女性在职场中更有可能享受到和男性相同的待遇和机会。而在日本，女性在职场中的合法权益虽然能够得到保护，但日本女性晋升到公司高层和核心部门的机会普遍低于日本男性。从个体与集体的关系来看，中国文化更加强调个体的影响力、号召力和模范带头作用，社会资源、财富和荣誉都向处于金字塔尖的优秀个体倾斜，这些优秀个体往往能比许多普通的集体创造出更大的价值，但这同时也暗含着一定程度的风险。在日本，集体地位永远高于个体地位，这在一定程度上导致个体的创造力和主观能动性受到抑制，但从另一方面来看，这有助于降低企业管理成本、规避风险以及减少不确定因素。

二、在华日企跨文化管理中的冲突

在华日企内部，日籍管理者和中国员工之间的跨文化冲突，主要表现为以下几个方面：第一，薪资待遇分配冲突；第二，过程—结果导向冲突；第三，知识产权保护意识冲突；第四，等级观念冲突。

（一）薪资待遇分配冲突

很多在华日企内部虽然有个人业绩考核的相关机制，但许多日籍管理者对员工个人考核的重视程度不高，主要采用的还是集体考核机制。基于此，这一机制在薪酬待遇上的体现是：公司往往对集体考核结果优秀的部门给予更高的待遇和绩效奖励，而不对其中表现差的个体做出处罚；对集体考核结果不佳的部门给予较低的待遇甚至是处罚，却又不对其中表现优异的个体给予任何形式的补偿。这导致相当一部分员工选择在工作中浑水摸鱼，侵占由集体创造的劳动果实；而真正敬业、负责、为集体做出突出贡献的员工，却由于长期得不到与其付出相匹配的奖励，逐渐丧失工作积极性。在这一背景下，许多事业心强、渴望得到公司认可的中国员工，试图以自己出色的工作表现为筹码，与日籍管理者就薪资问题进行协商，却遭到对方拒绝。日籍管理者给出的理由是：其一，这些优秀员工所取得的成就，离不开团队中其他成员的支持与帮助，因此他们不应当把功劳据为己有；其二，过大的薪资差距不利于营造公平、团结的集体氛围。因此，在中国员工看来，公司长期采用集体绩效评估方案的结果就是优秀人才的流失以及员工工作积极性的下降。

（二）过程—结果导向冲突

众所周知，日企十分注重工作的流程化、标准化，要求每一名员工都严格按照流程办事，即以过程为导向，以实现加强企业内部控制的效果。但大部分中国员工习惯于以结果为导向，认为只要最终交付物符合公司目标就可以，中间过程尽可能简化，这样可以大大增强工作灵活性、提高工作效率。但是，在日籍管理者看来，任何不规范的操作都会增加企业管理成本，同时也为事后的责任追溯增加了难度。2005 年，大连日资企业员工集体性罢工大潮中，日本电产首当其冲，根本原因就是日本电产对员工工作的标准化要求过于严苛，导致员工产生了很强的抵触情绪。据报道，日本电产为了提升整个流水线的生产效率，管理层命令员工在工作时的站位、手势甚至是眼神等都要严格按照公司要求执行，这在员工看来毫无人性化可言。为了确保中国员工严格按照制度和流程办事，许多在华日企经常举行员工会议，并在会议上反复向员工灌输企业价值观，并着重强调工作流程、传递标准化思想。这些会议中国员工看来，是企业管理制度僵化的一种表现，不仅浪费员工宝贵的工作时间，还容易让人产生厌烦的情绪。

（三）知识产权保护意识冲突

多数日企十分注重保护本公司的知识产权和商业机密，要求中国雇员严格执行公司有关保密规定，如不允许员工将手机带入办公室、严禁对外传播公司资料、设置公司内部文档查看权限等。对于日企管理者而言，企业内部各种知识产权是公司实力和核心竞争力的主要来源，因此，为了防止其核心技术受到中国市场上其他竞争者的模仿，在华日企通常会制定相当严苛的规定来防止技术外泄。然而，中国的基层员工普遍认为自己无需对公司知识产权保护负责，毕竟他们中绝大多数人都没有出卖公司商业机密的动机和途径。而这些严苛的保密规定不仅降低了我们的工作效率，还给私人生活增加了各种困扰。

（四）等级观念冲突

日本是一个注重等级观念的国家，这一点在企业文化上的体现是：许多日企明确规定，下级见到上级时，必须在态度和行为姿态上表现出足够的尊敬；反映在具体的工作中，就是下级对于上级的指令要无条件服从，对于上级的批评要无条件接受并改正。这在日本人看来是一件再寻常不过的事情，因为在日本文化中，上级无论是从年龄、资历还是对公司业务的熟悉程度来看，都要高于下级。另外，在日本管理者看来，这也是巩固企业自身稳定性、贯彻标准化体系的有效手段。这种手段反映了日本长期以来形成的企业文化特征，但在和中国的企业和社会文化相碰撞时，问题便产生了。首先，许多年轻的中国员工把工作看成一种劳动力与金钱的等价交换，并非下级对上级的习惯性服从。因此，部分员工在面对上级时，虽然能做到基本的礼貌和尊敬，但日企内部的一些强制性、烦琐的礼节还是会让他们在职场中感受到不平等，从而产生抗拒心理。其次，对于日籍管理者而言，如果其判断和决策受到下属的质疑，他们会在潜意识里把这看成一种对自身权威的挑战和对传统等级制度的蔑视。因此，当敢于直言进谏的中国员工碰到固执己见的日籍上司时，场面就会陷入尴尬。

三、在华日企跨文化管理优化对策

解决在华日企跨文化管理冲突的关键，在于日籍管理者能够开放企业内部信息交流共享渠道，了解中国员工的真实想法和需求，理解由根源性的文化差异所引发的两国员工在工作目标、工作方式、工作态度等方面的区别，并通过改进内部控制理念、优化管理模式等方式，实现中日双边企业价值观的有效融合，最终缓和甚至化解相应的跨文化管理矛盾，实现中日双方互利共赢、日资企业稳定持续发展的根本目标。如图1所示，解决跨文化冲突分四个阶段，每个阶段有其对应的心理特征及优化措施。

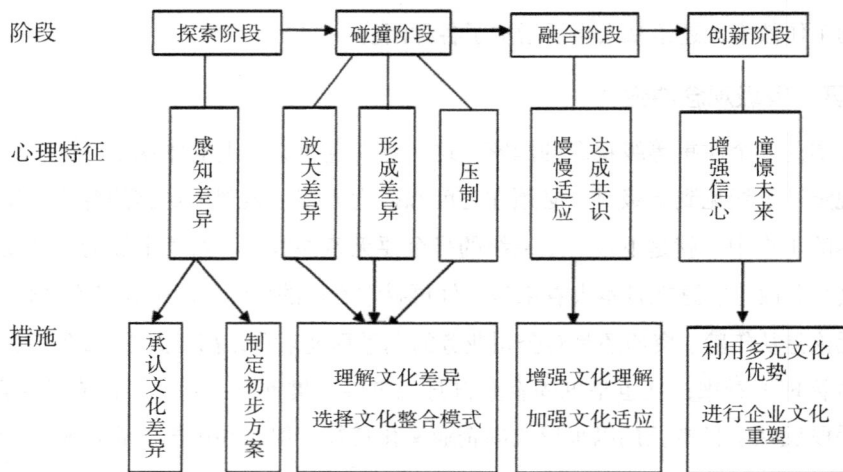

图 1 文化冲突发展阶段以及应对措施[①]

针对薪资待遇分配、过程—结果导向、知识产权保护意识以及等级观念这四种类型的中日跨文化冲突，结合图一所示的文化冲突发展阶段理论，分别得出以下优化对策。

（一）建立薪酬激励和惩罚机制

针对日企集体主义绩效管理模式长期以来受中国员工诟病的事实，日籍管理者应充分考虑中日两国之间的文化差异，研究能否针对中国劳动力市场在薪资待遇问题上进行适应性改革，其中最关键的部分就是提高优秀员工的薪资待遇，在充分激发员工工作积极性的同时，在全公司范围内形成示范效应，带动和鼓励更多员工提升工作表现。其次，如果这一改革方案得不到日本母公司的同意，那么日籍管理者就应当考虑对表现出色的员工给予其他形式的表彰或补偿，如奖状、

---

① 刘博：《在华日资企业文化冲突研究》，黑龙江大学硕士学位论文，2015。

慰问、生活补贴等。同时，对于日常工作表现不积极的员工，企业需要及时对其进行劝诫和提醒；若在此之后，其工作态度仍然没有改善，企业需要酌情对其进行处罚，并在企业内部进行通报批评。

（二）设立结果导向的评价体系

针对日企工作流程机械烦琐、日常会议过多等问题，日籍管理者应定期针对公司各部门的业务进行流程优化，尤其是要摒弃不合理、不人性化的工作流程和规范。在不影响工作质量、不产生风险的前提下，设立以结果为导向的工作评价体系，充分发挥员工的主观能动性，鼓励员工用自己认为合理的方式完成工作。这不仅有助于充分挖掘每一名员工的潜力，提升员工的幸福感和成就感，还有助于在企业内部催生出更加高效、更加科学的工作流程。此外，日籍管理者应该把精力从经常举办宣传公司制度的员工会议，转移到对违反制度规定员工的警示和处罚上。毕竟，责任追溯才是保证公司规范能够深入人心的关键，而这也更加符合结果导向的企业管理模式。在这一评价体系下，任何试图偷懒或者藐视规则的员工，在一视同仁的惩罚机制面前，都会无话可说；任何以日常会议繁多为由，单方面拖后工作进度的员工，都会无理可辩。

（三）制定折中性质的保密规定

针对日企保密机制复杂、员工日常工作和生活受限过多等问题，鉴于这些商业机密和知识产权是日企保持长久的市场竞争力、占据市场核心地位的根本保障，日方有权保留这些保密规定，但最好能够通过其他方式对员工进行补偿。例如，许多中国员工抱怨，手机不能带进办公室会影响他们及时查收并回复一些重要消息。针对这一问题，日企可以做出类似如下的规定：每名员工除了午休之外，每天还有额外三次出去查看手机的机会，每次限时 10 分钟。这样一来，既解决了员工不能及时回复关键讯息的问题，又以另一种方式让员工在紧张的工作之余得到身心的放松。而且，相较于直接允许员工把手机带进办公室，这样做更有利于防止员工把更多的、难以统计的时间用在玩手机上，相当于只用每天半小时的时间成本，大大缓解了员工的"手机焦虑"。对于公司内部权限复杂、信息渠道不通畅等问题，则需要日企管理者重新梳理各个岗位员工职责和所需工作资料之间的匹配关系，让员工能够相对自由地查找、利用公司内部的各种资料，提升办公效率，为企业更好地创造价值。

（四）对等级制度进行适应性改良

针对日企内部礼节复杂、等级制度过于严苛等问题，首先，日籍管理者不应该把日本本国的一些职场礼仪和社交规范原封不动地带进中国市场，而是要进行一定程度的改良，使其符合中国人的传统习惯和职业观念。例如，"九十度鞠躬"在日本是很平常的礼节，常用于表现下属对于上级、晚辈对于长辈的尊敬。然而，在中国，"九十度鞠躬"这种礼节显得有些夸张。因此，这种礼节在中国可以改为：当下属遇到上司时，用微微点头或身体前倾以示尊敬。此外，对于日企严苛的等级制度，虽然它不像礼节规范那样易于重新整合和优化，但对于日籍管理者而言，至少应该在不改变公司现有组织架构的前提下，引入一条自下而上的、畅通无阻的员工意见表达渠道，倾听底层员工的心声，解决底层员工的实际问题，这对高层管理者也能起到监督和警示的作用，让企业内部管理更加透明化，从更为长远的角度确保企业实现良性、健康、可持续的发展。

四、结语

中日两国虽然地理区位上非常接近，但受文化因素的影响，两国人的思维方式和企业管理模式上存在较大差异。如何克服这种由文化差异所带来的在华日企经营管理上的挑战，是未来日企想进一步融入中国市场、扩展在华业务所必须考虑的关键性问题。对于日企而言，要想在激烈的中国市场竞争环境中占据一席之地，最好选择对中国文化有一定了解的跨文化管理者来管理其在华分支机构，并在随后的经营过程中主动了解中国企业文化以及中国员工的诉求。从而，在不触及本公司核心利益的前提下，进行动态的、有针对性的的本土化改革措施，让员工更好地融入日企工作环境，使跨文化管理更加顺畅。在双方出现矛盾和争端时，日籍管理者需要以开放的思想、公平的态度来解决，这也有利于展现其自身良好的企业精神和企业文化，让日企在中国市场上得到长远、健康发展。

参考文献

孔祥鸿:《在华日企跨国经营中的文化冲突及应对策略》,《当代经济》2013年第 17 期。

刘博:《在华日资企业文化冲突研究》,黑龙江大学硕士学位论文,2015。

柳春岩:《中日文化差异视角下的在华日资企业员工关系管理》,《生产力研究》2013 年第 5 期。

汤忠杰:《在华日企文化冲突与融合路径研究》,首都经济贸易大学硕士学位论文,2012。

周红、沈丽荣:《跨文化研究对日本在华投资商务决策的影响》,《现代财经（天津财经大学学报）》2007 年第 2 期。

"一带一路"沿线国家贸易便利化对中国农产品贸易的影响——以中巴经济走廊为例

李易文　李燕玉 *

　　摘要："一带一路"倡议的发起和实施已成为促进沿线国家农业进行全球化出口贸易的重要倡议之一。随着倡议的推进，我国在巴基斯坦的出口的棉花占有相当大的比重，贸易的往来也变得日渐频繁，但值得注意的是，中巴在多个维度有着较大的差异，最为突出的是人口和经济规模，两国之间的农产品贸易发展速度也截然不同。随着经济全球化进程的加快，巴基斯坦在农产品的贸易和投资中加强合作的意愿强烈，但农产品的交易流转度还是处于一个比较低的水平。在此背景下，本文以中巴经济走廊为例，分析贸易便利化对"一带一路"倡议沿线国家农产品贸易的影响，旨在促进两国的进出口贸易。

　　关键词：一带一路；贸易便利化；农产品贸易；中巴经济走廊

---

　　*　李易文(1998—)，女，吉林外国语大学国际商学院国际商务研究生在读；李燕玉（1978—），女，通讯作者，吉林外国语大学国际商学院教师，吉林大学东北亚研究院博士，研究方向为东北亚区域经济。

一、"一带一路"倡议建设成果

自 2017 年 5 月中国发起《"一带一路"贸易畅通合作倡议》以来，得到了全球 100 多个国家和国际组织的广泛关注和积极响应，各方都希望通过此次合作倡议的签署，来鼓励沿线国家间的贸易便利化、发展互利共赢的新商业模式并且促进伙伴国间的服务贸易合作，同时有利于促进和扩大沿线国家的贸易。五年来，雅万高铁、中欧班列、中缅油气管道项目、瓜达尔港等大批互联互通项目在我国和"一带一路"沿线国家的共同努力下正在有条不紊地规划实施中，具体建设成果表现为以下四个方面。

其一，政策与规划有机结合。在"一带一路"倡议下，中国已与 88 个国家和国际组织签署了 103 份合作文件，同中方签署"一带一路"合作文件的伙伴国家已达到 140 个。2019 年国际合作峰会共形成了 279 项成果清单，其中 255 项已投入常规工作，24 项正在妥善实施。[①]

其二，国际物流陆路运输重大项目进展顺利。雅万高铁、帕德玛大桥、瓜达尔港、和雅加达—万隆高铁在内的一些重大项目已经进展顺利，中欧班列作为国际物流陆路运输的骨干通道，输送总数已超过 8000 列，构成由 14 个欧洲国家和 42 个欧洲城市组成的运输网络。

其三，贸易和产能投资方面的合作不断深化。在此倡议背景下我国与其他贸易往来国的贸易规模超过 10 亿美元，而且还在不断地增长，同时，建立了多个境外经贸合作区，为当地的经济发展、人才培养、岗位提供多方面的帮助，得到了双方往来国的高度认可。

其四，金融服务领域合作加深。金融服务领域中，丝路基金规模最为突出，已涉及接近 20 个项目，总价值接近 1000 亿美元，除此以外，开发银行、进出口银行和商业银行在后续的金融服务中也会扮演不同的角色。

---

① 数据来源：中国国家发展和改革委员会。

二、中巴经济走廊国家贸易便利化水平评估

降低贸易往来国的来往成本以及减弱贸易政策带来的影响，这就是贸易便利化的简化作用，扩展来讲是指简化和协调国际贸易体系和程序，以降低贸易成本，从而促进更好的货物和服务贸易，包括收集、交付、传输和处理货物贸易数据的必要活动、做法和程序。由于贸易便利化对贸易量的影响不同于关税等直观性指标，且贸易便利化的程度因国家而异，因此没有形成单一的衡量体系。目前，国内外研究者主要还是采用 Wilson 等人（2003）提出的以各国港口环境、海关效率、规章制度和电子商务等四大指标为基础，建立贸易便利化指标体系。

（一）"一带一路"六大经济走廊贸易便利化评估

通过对"一带一路"六大经济走廊的贸易便利化指数分析，各个国家的贸易便利化均得到不同程度的提高，多个往来贸易国的便利化提高也达到预期。根据对"一带一路"倡议沿线国家的经贸发展特点分析，参考指数选择"政府能力与政策环境""海关与边境管理""物流与基础设施"以及"金融与通讯能力"四个基础指标，然后通过层次分析的方法对客观数据进行权重分配，对其进行一个规范化的分析，四项权重分别为 0.24、0.35、0.31 和 0.1。结果如图 1 所示，同时作为参考平均水平，计算得出 2013 年均值线为 53.26，2018 年均值线为 57.06。对比 2013 年和 2018 年两年的指标排名可以看出，在创建经济走廊以促进贸易畅通的过程中，依旧需要继续考虑到亚洲和欧洲的发展中国家所面临的各种困境，巴基斯坦在过去六年中由于各种国际和国内原因面临着许多困境。

从时间线上看，在 2013 年到 2018 年的五年时间里，总体而言，六条经济走廊沿线国家的贸易便利化水平有了明显的提高，但每条走廊的发展程度各不相同。

在六条"一带一路"经济走廊中，发展历史最长、贸易便利化框架最好的是以中欧班列为代表的新亚欧大陆桥经济走廊，两年的指数均排名第一位，并且和其他经济走廊拉开较大差距。起到中国与南亚以及东南亚连通桥梁作用的中国—中亚—东南亚经济走廊，依托陆上和海上高质量的交通网络，使其在基建和区域

经济合作上取得了巨大进展。同时，基础设施的建设很大程度上提升了中蒙俄、中国—中亚—西亚和孟中印缅经济走廊的特殊运输能力，对产能合作的重视直接促进了经济关系的加强。作为"一带一路"重要先行先试项目，中巴经济走廊在交通基础设施连接和信息技术合作方面取得了相当大的进展。然而，不稳定的国内安全局势和不确定的经济政策是巴基斯坦仍然存在一定的贸易和经济合作的障碍的原因。因此，为了实现中巴经济走廊的预期成果，必须改善政策和管理，并确保基础设施的及时实施。

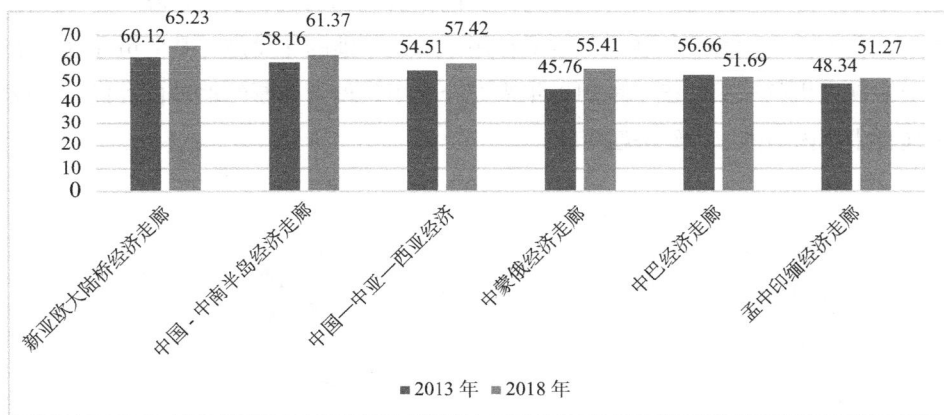

图 1 "一带一路"六大经济走廊贸易便利化得分

数据来源:《"一带一路"六大经济走廊贸易便利化测评报告（2013—2018）》，2019。

（二）中巴经济走廊贸易便利化指数分析

在乡村振兴和促进农业对外开放的倡议背景下，贸易便利化的程度对中国的农产品贸易有着明显的影响。自贸区关税减让的制度优势正在消失，贸易便利化是影响未来双边贸易和经济合作尤其对农产品贸易进一步增长的一个重要因素。基于中国和巴基斯坦之间独厚的政治和经济关系，中巴经济走廊成为"一带一路"的旗舰项目和标杆。中巴经济走廊的发展不仅将促进中国和巴基斯坦之间的双赢合作，也将成为中国与其他国家贸易合作的典范。具体的 2013 年与 2018 年中巴经济走廊贸易便利化各一级指标得分见图 2 柱状图显示。

中巴经济走廊在六大经济走廊中，贸易便利化指数分别排名倒数第三和倒数第二，在 2018 年的得分比 2013 年低 1.8 个百分点。在政府绩效和政策环境、海关和边境管制指数、物流和基础设施指数上，中巴经济走廊在 2013 年和 2018 年排名没有起伏，均排名倒数第三；但其 2018 年的海关和边境管制指数评级比 2013 年的评级低约 10 个百分点。在金融和互联互通指数中，中巴经济走廊的两年平均年度排名紧随其后，其 2018 年的得分比 2013 年低了近 6 个百分点。除了进行 2013 年和 2018 年的指数对比，从单年的指数来看，海关与边境管理指数在四个基础指标中均为最高，说明作为一个国家的出入境监管部门，海关在促进贸易便利化方面发挥着不可替代的重要作用。瓜达尔港的建设是巴基斯坦在这一指数上表现突出的原因，巴基斯坦近年来充分利用其得天独厚的地理位置优势，成为连接中亚内陆国家的经济纽带。

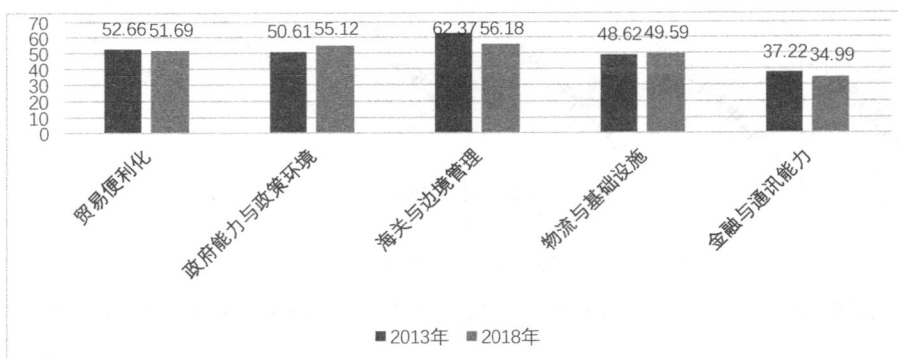

图 2　中巴经济走廊贸易便利化各以及指标得分

数据来源：《"一带一路"六大经济走廊贸易便利化测评报告（2013—2018）》，2019。

对于金融与通讯能力指数，经济水平欠发达使得其在四个基础指数的排名中一直处在最后一名，并且和前一位差距较大，说明巴基斯坦在电子商务方面整体落后，这对农业技术的发展也造成了很大阻碍，导致延缓了巴基斯坦生产技术的提高并且限制了农产品的销售渠道。

（三）"一带一路"倡议对中巴经济走廊的影响

第一，在海关和边境管制方面，中国和巴基斯坦已采取措施，加快口岸的"绿色走廊"的建设，进一步简化通关、检验和检疫程序，同意建立海关合作机制，加快通关速度，促进中巴农贸的发展。同时，中巴双方派各自贸易代表团互相交流以及指定通讯员定期会晤等，这一系列措施起到了促进中巴间的贸易往来的作用。

第二，在基础设施连接方面，作为中巴经济走廊最大的交通基础设施项目，巴基斯坦的 PKM（苏库尔—木尔坦段）高速公路项目的竣工标志着巴方已全面开放连接了国家中部的南北交通，大大改善了当地的交通运输条件。默拉直流工程是中巴经济走廊促进巴基斯坦民生改善和经济发展的又一例证。喀喇昆仑公路二期改扩建工程和卡拉奇—拉合尔公路等项目进展顺利。在铁路项目方面，拉合尔轨交线于 2018 年 6 月投入使用，巴基斯坦的 ML—1 干线的整修和升级以及哈维连陆港的建设仍处于可行性研究和测试阶段，随着瓜达尔港的建设和自由区项目第一阶段调试区的完成，港口部门也取得了突破性进展。

第三，在金融和电子商务领域，中国和巴基斯坦将继续达成本币兑换协议，并加强两国银行和金融部门的合作达到降低成本的效果，从而提高金融服务的可获得性，以此使得中巴经济走廊更充分享受"一带一路"倡议的红利。正在规划建设中的中巴国际物流园区，将运用物联网和大数据分析等技术，改变中巴贸易以传统海上航运为主的局面，减少贸易中间环节及双方交易成本，缩短两国的商业周期，最终扩大中巴贸易。

三、问题与对策

（一）中巴农产品贸易现状及面临的问题

1. 中巴农产品贸易概况

中巴经济走廊项目于 2015 年 4 月正式启动，经过多年的发展，已经在多个领域取得了里程碑式的成果，而农业部门则制定了 2025—2030 年的长期计划，更加科技化的完善贸易农产品作业的开展，环境保护与作业相结合。根据中国农业农村部农业贸易促进中心的数据统计显示，2011 年至 2019 年，中国和巴基斯坦的双边农业贸易从 4.9 亿美元增加到 8.3 亿美元，增长了 70%。2020 年的新冠肺炎疫情对双边农产品贸易影响程度仍保持相对稳定，贸易规模为 8 亿美元。2021 年 1 月至 9 月，中巴农产品贸易额达到 8.6 亿美元，其中巴基斯坦对中国的出口额为 6.3 亿美元。

中巴农业合作的领域也在不断扩大，从传统的农产品贸易扩展到农业投资和服务等领域，农作物生产、农产品加工、农业机械和农业信息应用方面的合作也在蓬勃发展。自中巴自贸协定第二阶段成功签署以来，双边农产品贸易稳步增长，中国对巴基斯坦的大蒜、茶叶和番茄酱出口大幅增长，巴基斯坦对中国出口的沙丁鱼、芝麻、坚果和其他产品的出口也大幅增加。

2. 中巴农产品贸易面临的问题

第一，中巴之间的农产品贸易结构高度集中，贸易便利化程度低。六类主要农产品（渔业产品、蔬菜、咖啡茶香料、生皮及皮革、蚕丝以及棉花）占农产品贸易总额的 60% 以上。

第二，巴基斯坦生活用品和支持基础设施的能源进口额较低，中巴双边贸易结果发展不平衡。虽然"一带一路"倡议增加了巴基斯坦的工业产品的进口，并加速了该国的工业发展，但是中国对巴基斯坦的出口份额和数量仍然有待进一步提高，巴方为提高人民生活水平而进口的数量远远不及中方。目前巴基斯坦进口的我国出口商品绝大部分是低附加值的初级产品和劳动密集型产品。而且，虽然巴基斯坦的出口结构已稳步转向农产品，但对中国的大多数制成品出口都是低端商品，这也影响了中国和巴基斯坦之间长期以来的复原力。

第三，巴基斯坦在电子商务方面整体落后，其在金融和通信能力指数中得分呈现逐年下降的趋势，关键技术供给不足。巴基斯坦农业科技水平也制约了基础科技工作的积累，农产品先进机械设备和部分重要畜禽品种长期依赖进口，农业机械化水平落后，重要生态保护技术难以支撑大型生态工程建设。在农业生物技术、工程和信息技术领域，与中国仍有较大差距。

（二）解决对策

"一带一路"倡议拓展了中国农产品出口的发展空间和贸易渠道，对增加中巴农产品贸易量起到了积极作用。因此，在原有基础上，我国将继续发挥中巴经济走廊在"一带一路"倡议中的积极作用，具体落实到以下几个方面。

第一，建立有效的双边合作机制，协调实施中巴农产品贸易合作项目和港口、经济特区建设。要加强政府间磋商，尽快在双边和区域机构和机制中引入农产品贸易便利化措施，加快"一带一路"沿线双边和区域贸易协定谈判，依托巴基斯坦独特的地理优势推动瓜达尔港尽快开放，并大力建设喀什经济特区，加快实施双边贸易一体化。这些措施能够直接减少贸易成本，农产品进出口的关税是贸易中的重要影响因子，促进贸易活动的平稳进行，双边贸易一体化得以加快推进实现。

第二，调整农产品贸易的架构，提高中国对巴基斯坦的出口份额和数量。经济对于两国的农产品贸易的影响显然不可相提并论，双方的差距也对来往贸易产生了一定的影响，在此情况下我国也需要调整农贸的架构。虽然我国能够在后续的中巴贸易活动中持续大量的出口，但现在国内以及国际贸易的前景都不太乐观，贸易便利化水平明显降低。所以，两个国家应该积极寻求改变，扬长避短，互相发扬互利共赢的精神，多层面调整农产品贸易架构，促进中巴双赢。

第三，推动跨境电商合作机制创新，进一步促进中巴贸易便利化。鉴于巴基斯坦在电子商务方面的整体落后，"一带一路"沿线国家需要更加关注贸易领域的电子信息技术的发展。基于此，加快经济走廊沿线国家的电子政务和商务平台，建立适当的商业和贸易信息中心，以促进中国与"一带一路"沿线国家之间的贸易便利化。同时，在电子信息技术方面有较好能力的自贸区国家可以向较落后的成员国提供技术或资金援助，以改善其贸易领域的电子信息技术的发展，从而促进整个区域电子商务环境的发展。

四、结论

"一带一路"倡议中的中巴经济走廊是不可替代的一个要素，倡议的实施将对中巴贸易便利化产生了重大影响，但倡议的实施仍需要进一步示范和推广，中巴经济走廊对于此有着不可推卸的责任。随着"一带一路"倡议的深入推进，一是要解决贸易贫弱区的经济建设发展，二是要推动完事贸易往来的高效性与精准性，同时，也会面临一定的挑战。虽然巴基斯坦经济还不完善，但发展潜力巨大，在"一带一路"背景下，两个贸易往来国实现互利共赢、优势互补，促进弱势国提高经济发展水平，另一方实现贸易资源的挖掘，这对于实际中巴双方的贸易往来中有着重要的现实意义。

参考文献

陈甬军、翘楚：《贸易便利化对我国农产品出口的影响——基于"一带一路"沿线国家的实证分析》，《上海商学院学报》2021 年第 4 期。

陈子月：《中国与一带一路沿线主要国家的贸易分析——以巴基斯坦为例》，《经贸实践》2018 年第 10 期。

冯一帆、张青青：《"一带一路"六大经济走廊贸易便利化测评报告（2013—2018）》，《人民论坛·学术前沿》2019 年第 19 期。

周跃雪：《"一带一路"农产品贸易便利化及其制度建设对策》，《农村经济》2018 年第 7 期。

卡西姆燃煤电站对中巴经济走廊建设的影响

朱　琳　李燕玉*

摘要：中巴经济走廊自 2015 年启动以来，在能源、交通基础设施、民生、港口建设等方面已经取得了很大的进展，本文选取其中的一个典型案例——卡西姆燃煤电站，具体分析该项目对中巴经济走廊的积极影响，并针对其面临的挑战与困难提出了一些对策，以对中巴经济走廊下的后续建设项目起到一定的借鉴作用。

关键词：卡西姆燃煤电站；中巴经济走廊；影响

中巴经济走廊作为"一带一路"倡议中确立的六大经济走廊之一，一直以来受到了各界学者们的广泛关注。在走廊建设下，从能源角度出发，我国在巴基斯坦的能源项目建设使巴基斯坦能源不足的压力得到了缓解。曾思雨（2021）在《"电"亮中巴经济走廊》一文中指出该项目完全采用中国标准和技术，降低煤耗、减少排放、高效环保的先进电力技术为巴能源基础设施发展插上了腾飞的翅膀。卡西姆燃煤电站作为我国在巴基斯坦投资的首个落地的能源项目，属于中巴经济走廊框架下的典型案例，具有重要代表意义，其对中巴经济走廊的具体影响值得

* 朱琳(1998—)，女，吉林外国语大学国际商学院国际商务研究生在读；李燕玉（1978—），女，通讯作者，吉林外国语大学国际商学院教师，吉林大学东北亚研究院博士，研究方向为东北亚区域经济。

研究。

一、卡西姆燃煤电站的建设现状

2013 年以前，巴基斯坦国内严重缺少电力供应，国内约百分之七十的地区每天只能用电大约十三个小时，一些贫困或偏远的地区甚至用不上电，常常面临着高温的折磨而束手无策。这严重束缚了巴基斯坦国内的经济发展，也不利于其社会的稳定。在这种情况下，中巴两国将能源项目作为走廊建设下重点合作的项目之一，投入资本的总量超过中巴经济走廊投入的百分之六十。

作为中巴经济走廊建设框架下的众多能源项目之一的卡西姆燃煤电站位于巴基斯坦的卡西姆海港，其名字由海港名而来，是中巴两国确定合作建设中巴经济走廊后的第一个能源方面的项目。它由中国电力建设集团有限公司（以下简称"中国电建"）和第三方卡塔尔王室共同开发，中国电建出资 51%，采用的是建设—经营—转让的项目融资模式，待卡西姆燃煤电站建成后，中国电建按照双方协议得到三十年的经营权，并靠电费收入作为主要偿债来源。卡西姆燃煤电站有"两最"之称，即当前"巴基斯坦最大的燃煤电站"和"中国电建在国外规模最大的投资项目"。2015 年 5 月，卡西姆港燃煤电站项目举行了开工仪式，2018 年 6 月底进入商业运行。该项目在短短 3 年的时间里实现圆满成功，被巴基斯坦人民盛赞为"了不起的中国速度"。

二、卡西姆燃煤电站的积极影响

卡西姆港燃煤电站为中巴经济走廊建设打下了良好的基础。卡西姆港燃煤电站作为"一带一路"的代表项目和"中巴经济走廊"第一个落地的大型电力项目，毫无疑问都为中巴经济走廊下的其他正在进行或尚未进行的项目树立了成功且优秀的典范，为之前忧心中巴经济走廊建设不能成功的人们打了一针有效的强心剂，同时也加深了两国人民的友谊。中国电建十分尊重卡西姆港燃煤电站当地员工的宗教信仰和文化差异，不仅在日常工作中对当地员工充满人文关怀，而且注重细节，在巴基斯坦节假日期间安排当地员工休假，既照常支付他们工资，还给他们发放过节补贴。这些举措都强化了巴基斯坦人民对我国企业的良好印象，巩固了两国人民的深厚友谊。

中国电建还起到了带动中国文化"走出去"的作用。卡西姆燃煤电站项目中，中方员工与巴籍员工共作业、共吃住，他们一起交流技术，两国文化等等。为了解决语言沟通问题，有不少当地员工学习中文，而中国员工则学习乌尔都语。这些都促进了两国文化交流，使得中巴两国人民的相互理解度提高，减少了跨文化沟通障碍。

（一）对巴基斯坦的积极影响

1. 带动就业，提高人民收入水平

中巴经济走廊建设或直接或间接地带动了当地的就业。卡西姆燃煤电站项目在建设期间向巴基斯坦人民直接创造 3000 多个就业岗位，在运营期间可以每年向他们提供约 500 个就业机会，同时间接地促进了其他相关行业人员的就业，如物流人员、法律专业人员、财务专业人员等。中国电建深知"授人以鱼不如授人以渔"，加大了对当地员工的聘用、技术技能培训、奖励提拔的力度。为加快巴基斯坦当地员工的职业化与专业化，岗前培养和在岗培养在卡西姆港燃煤电站项目中也得到了落实，中国电建会安排新入职的巴基斯坦员工参加岗前培训，等到巴基斯坦员工到达具体岗位后，由导师进行在岗培养，双重培养制度能使他们快速地成为专业化人才。如今，卡西姆港燃煤电站已投入运营 3 年多，其中很多运维人员都是巴方人员，他们经过中国电建提供的相关专业培训，已经掌握了关键技术，有能力不依靠我国工作人员独立完成工作，得到了稳定的收入。中国电建还设立了年功工资制度，巴基斯坦员工的薪酬水平会随着工作年数的增加而提高，工作期限越长，得到的薪酬越多。许多巴基斯坦员工曾在接受媒体采访时表示，感谢中国和中国电建让他们过上了更好的生活。

2. 促进了经济增长

中巴经济走廊框架下，中国企业在巴基斯坦进行投资建设，需要缴纳税收，这极大地增加了巴基斯坦的税收收入。卡西姆港燃煤电站自 2015 年开工以来，

为巴基斯坦税收部门缴纳的各种税款累计超过 1 亿美元。同时卡西姆港燃煤电站项目的成功，极大地鼓舞了其他中资或外资企业，使他们更有信心在巴基斯坦投资并运营项目，从而为巴基斯坦吸引了更多的国外投资，极大地拉动了巴基斯坦的经济发展。

3. 缓解电力短缺的问题

卡西姆港燃煤电站投入商用后，每季度发电量就可达到约 22.5 亿度，可供当地数百万家庭使用，极大地减轻了巴基斯坦国内沉重的电力负担。并且该项目采取的海水二次环流冷却和海水淡化补水等环保措施，调整了巴基斯坦电力能源结构，既为当地居民提供较为清洁能源，又降低了发电成本，使巴基斯坦居民用上了较为廉价的电源。

4. 有利于基础设施的建设与完善

巴基斯坦经济基础较薄弱，国内的能源和交通等基础设施都比较缺乏，卡西姆港燃煤电站属于能源电力建设项目的一个典型代表，显然有利于巴基斯坦能源基础设施的不断完善，由于卡西姆港燃煤电站需要依靠源源不断的煤炭进行发电，故煤炭的运输就成了需要重点关注的问题，对交通便利程度要求的提高也有利于促进配套的交通基础设施的完善。

（二）对我国的积极影响

1. 有利于带动中国装备"走出去"

电站是复杂的综合性项目，设备种类多，建设周期长，完成难度大。卡西姆燃煤电站项目采用中国标准和技术，降低煤耗和减少污染排放，并且在 36 个月的工期里竣工并投入商用，展现了中国速度，这是很多其他公司做不到的。巴基斯坦在电力上的需求旺盛，其电力基础设施建设也有很大潜力。卡西姆燃煤电站的成功使中国电建在带动我国优质的电力装备"走出去"的同时，也为国内其他电力企业更好地投入到"中巴经济走廊"建设中来树立了正面的榜样。

2. 有利于产业升级

我国一些行业，如钢铁行业、煤电行业、水泥行业和石化产业等，存在着较严重的过剩问题。为应对这一问题，我国近年来一直都在倡导各部门要在供给方面进行改革，想办法去产能去库存。受较落后的经济影响，巴基斯坦基础设施建设一直较缺乏，我国可将产能过剩的钢铁、水泥、煤化工等转移到巴基斯坦帮助其完善基础设施。同时，巴基斯坦相较于我国有着更丰富且便宜的劳动力资源，我国可以充分利用巴基斯坦的劳动力优势，将国内劳动密集型产业也转移到巴基斯坦，从而释放出国内空间，促进我国的产业升级。

三、中巴经济走廊面临的挑战

而在经济方面，巴基斯坦近年来不断增加的外债负担和增速缓慢的出口，严重限制其在中巴经济走廊建设的投资额度。截至2021年上半年，巴基斯坦外债总金额涨至1222亿美元，部分原因是巴基斯坦政府为了偿还到期债务，采取了借新债还旧债的方式。

另外，在环境问题方面，巴基斯坦早年森林砍伐严重，导致森林覆盖率较低，加上其地理位置及气候因素，本国降水量较低，土地荒漠化现象较严重。

最后，巴基斯坦国内相关法律不完善。卡西姆燃煤电站是中巴两国合作的第一个大型能源项目，作为第一个在巴基斯坦投资能源项目的企业，中国电建并无经验或是范例可以参考，所以在项目开发的一开始就遇到了困难，其主要原因是巴基斯坦国内没有适用于进口燃煤电站项目的标准协议文本，而且相关的法律条款不对投资人提供必要的特许经营权和法律保护。

四、对中巴经济走廊建设的建议

推进本土化战略。全面了解中国电建对巴基斯坦的文化、法律体系及民俗禁忌等。例如，中国电建在卡西姆燃煤电站项目建设过程中充分地推进了本土化战略，减少了施工的阻力，因此，要求我们扎实推进本土化战略，尊重当地居民，充分发挥巴基斯坦当地人员在当地宗教、经济、政治、文化等方面的优势，真正地实现合作共赢，又好又快地推进中巴经济走廊建设。

其二，中巴两国要加强交流与互动，继续巩固维持好两国的友谊，不被外界不好的声音干扰。这就要求我们发挥媒体的力量，为中巴经济走廊宣传到位，深化巴基斯坦国内人民和各股力量对中巴经济走廊的认识。民心相通是中巴经济走廊的基础，两国可以采取多种方式增加中巴文化交流，例如，可以开设中巴文化论坛，向巴基斯坦传播儒家文化等我国优秀的传统文化，增进两国人民对彼此文化的相互理解，从而使心意更加相通。

其三，增加走廊建设的融资方式，并积极开展与国际社会的合作。目前，巴基斯坦的资本市场没有得到充分发展，资本工具发挥的作用有一定限度。巴基斯坦政府多采取借外债的方式缓解资金压力，导致外债高筑，一些项目还因为资金问题而暂时搁置。对此，我国可以与巴基斯坦分享我国资本市场的发展经验，推动巴基斯坦开发出多样的金融产品，增加融资能力。

最后，保护中巴经济走廊的生态环境。随着中巴经济走廊建设的进行，一些地区的生态环境面临着考验，情况堪忧。中巴经济走廊经过的地区降水量本不充足，倘若在开发的过程中又不注重环境保护，那么很可能导致降水量变得更少，极端天气频出。更有甚者，可能出现恶劣的自然灾害，这最终可能会损害我国在巴投资企业的切身利益。故在中巴经济走廊下进行项目投资的企业务必要增强环保意识与企业责任意识，切莫让巴基斯坦走上"先发展，后治理"的老路。

参考文献

何时有:《中巴走廊上的卡西姆港电站》,《中国投资》2018 年第 3 期。

李铮:《卡西姆电站项目风险控制纪实》,《国际工程与劳务》2016 年第 7 期。

梁振民:《中巴经济走廊建设:意义、进展与路径研究》,《亚太经济》2018 年第 5 期。

陶季邑、谷合强:《中巴经济走廊"早期收获"阶段建设成效探析》,《国际论坛》2019 年第 3 期。

杨萌、郗雨婷:《中巴经济走廊的进展及面临的挑战》,《国际研究参考》2021 年第 2 期。

曾思雨:《"电"亮中巴经济走廊》,《一带一路报道(中英文)》2021 年第 5 期。

章蔓菁、刘丽娟:《卡西姆电站:"一带一路"先行者的足迹》,《中国外汇》2017 年第 14 期。

国际教育比较研究

东北亚地区各国高等教育国际合作的问题及应对策略*

肖传国**

摘要： 开展东北亚地区各国高年教育国际教育合作，对盘活整个区域的经济社会转型发展，突破目前东北亚困局，把握区域发展主动权，具有重要的战略意义。东北地区各高校应充分认识高等教育国际化的趋势与要求，深刻把握学校国际化发展的问题与挑战，继续谋划推进大学建设的国际化战略。加强政府宏观调控与市场调节的有效互动，探索多主体参与，增强合作动力，扩大多边合作联合培养模式，从而构建面向未来的文化互动融合发展的、"深层次、多渠道、高效率"的国际合作教育机制，建立一种新型的、紧密的、多元的东北亚高等教育国际合作体系。

关键词： 东北亚；高等教育；国际合作

---

* 吉林省社科基金项目"日本主流报刊涉华新闻的话语建构及我外宣应对策略研究"，项目编号：2019B176。

** 作者简介：肖传国（1963.2—），男，吉林外国语大学东方语学院教授、博士、博士生导师，院长。主要从事日本政治文化、东亚安全研究。

引言

东北亚地区是目前世界上发展局势重要，也是较为复杂的地区之一。推进区域教育合作突破目前东北亚地区的合作困局，把握区域发展主动权，是中国大国崛起的重要战略选择，特别是在当前逆全球化、单边主义、保守主义和民粹主义思潮有所抬头的今天，加强东北亚地区各国高等教育国际合作更具战略意义。

在全球化趋势下，我们不仅要从教育学立场上研究全球教育问题，还必须着重研究区域和本土的教育问题。同时，我们还要从全球视野出发，探寻区域教育的特质，以区域教育的理论化形成对全球教育的规律性认识，切实领悟区域研究的重要性。具体到东北亚地区，如何加强东北亚区域教育互动与合作，以及在这种区域互动与合作中我国如何扮演好大国的角色，是值得深思的问题。因此，以东北亚国际教育为切入点开展合作对破解东北亚区域问题意义重大。

本文通过深入分析我国高等教育在东北亚地区各国国际合作面临的新问题，厘清转型发展的动力因素，科学构建推动和促进"一带一路"倡议以及我国高等教育在东北亚区域合作上的联动关系，找准我国高等教育国际化转型发展的有效实施路径，以深化我国高等教育内涵式发展。

一、东北亚地区各国高等教育国际合作中存在的问题

（一）东北亚地区各国高等教育国际合作的整体性问题

1. 合作动力不足

就交流与合作的状况来看，推动东北亚地区高等教育合作的动力主要来自政府，总体上呈现"上热下冷"的局面，高层互动频繁，而下层交流却处于低迷状态，尤其是高校层面缺乏合作动力。高校、社会等其他组织参与合作的动力不足。例如，截至2017年底，中俄双方在两国政府引导下，搭建了中俄工科大学联盟、中国东北地区与俄罗斯远东西伯利亚地区大学联盟、中俄医科大学联盟等共 9 个大学联盟，建立了中

俄高校合作共同体。但从实践来看，两国签署合作协议的高校大多数源于政府宏观政策的推动，而缺乏对彼此学科优劣势的认知与基于对接基础上合作的强烈意愿。[①] 在东北亚地区的其他国家，高等教育国际合作也主要基于政府出台的支持政策。

从现状来看，东北亚地区多数高校目前远不是对方最优先的国际合作伙伴，以东北亚区域为特色的国际化教育模式也并未形成体系。以出国留学为例，根据2018年教育部统计数据显示，我国出国留学人员总数达66.21万人，其中大多数前往欧美发达国家和地区求学。[②] 2019年上半年，我国留学人群中留学意向最高的是美国，其次是英国、澳大利亚、加拿大、香港、日本和德国，且美国和英国留学意向遥遥领先，分别为43%、41%。[③] 从高等教育发展状况来看，世界上绝大多数国家可以被纳入"教育强国、教育发达国、教育中等发达国、教育大国、教育弱国"五类范畴，[④] 同类别国家的高等教育双向合作更容易实现。以高等教育入学率和人均国民生产总值为测算指标，中、俄、日、韩、朝、蒙等东北亚地区国家的高等教育发展程度明显存在较大差距，开展高等教育国际合作的"出口"和"进口"有很大落差，双向合作难以实现，出现"你情我不愿""我情你不愿"的现象。

2. 合作形式不够丰富

总体来看，东北亚地区高等教育国际合作的形式比较单一，主要以师生互换交流为主，在一定程度上忽视了联合办学、教育援助等其他形式的合作。探索多渠道、多模式、多类型的合作机制，开展由浅入深、自上而下的多种形式的高等教育合作，是东北亚高等教育协同发展的题中应有之义。但是，近年来我国与东北亚地区国家在学生交流方面进展迅速，在其他方面的合作却不尽如人意。以中韩合作为例，目前中韩两国的教育交流主要集中在高等教育领域，两国高校对方

---

① 刘淑华、宋永华：《"一带一路"背景下的中俄高等教育合作：问题与对策》，《高等教育研究》，2019年第40期。

② 教育部：《2018年度我国出国留学人员情况统计》，http://www.moe.gov.cn/jyb_xwfb/gzdt_gzdt/s5987/201903/t20190327_375704.html。

③ 前瞻产业研究院：《2019年中国出国留学行业市场分析》，https://bg.qianzhan.com/trends/detail/506/200417-28c92210.html。

④ 吴松、沈紫金：《WTO与中国高等教育发展》，北京理工大学出版社，2002。

国家留学生互为最多，双方开展的高等教育合作被视为东北亚地区高等教育国际合作的典范。据统计，韩国籍学生主要留学对象为美国、中国、英国、澳大利亚、加拿大、新西兰等国家，学生留中比例自 2012 年的 26.3% 上升至 2017 年的 30.6%，超过留美比例 25.4%；另一方面，中国大陆和中国台湾地区每年向韩国输送留学生 6 万人左右，占韩国留学生总数的 55.1%，远超其他国家。① 在中韩留学生交流密切的背景下，中韩师资间的交流互动相对不足，除交流互动以外的其他形式的合作比较少，包括开展"中韩大学校长论坛""中韩职教论坛"，开展汉语教师（中学）培训，缺乏丰富多元的合作形式。在其他一些东北亚国家，高等教育国际合作的形式同样缺乏多元性。譬如，中日大学之间签署了 3000 多个合作协议，但大部分合作通过交流的形式进行，并没有实质性地开展交流。从长远来看，东北亚地区高等教育国际合作需要加快构建保障协议落实的体制机制，需要制定详细周密的推进策略，以确保多层次、多形式的合作顺利开展。

3. 合作办学水平有待提升

高等教育合作办学项目是提升高等教育国际合作的重要途径，但目前东北亚高等教育合作办学项目水平有待提升。一是合作办学项目的学历层次有待提升。例如，俄罗斯截至 2018 年 6 月，在我国境内开设的 127 个中俄合作办学项目中，本科项目有 106 个，硕士研究生项目仅有 4 个。而且，多数合作办学项目是在双方学院、系或者教研室的基础上，而不是在校际层次上进行的。二是合作水平低。东北亚地区部分学校脱离自身发展定位及办学实际，盲目申报国际合作办学项目，缺乏充分论证与妥善考虑，在项目获批后着重宣传而轻视经营，导致办学质量逐年下降，一批项目被关停。2014 年以来，随着中国教育部在宏观政策上逐步强化中外合作办学的规范性发展，一些质量不高的合作办学项目被终止。例如，2018 年《教育部办公厅关于批准部分中外合作办学机构和项目终止的通知》中，一些质量不高的合作办学机构和项目被终止，其中终止的中俄合作办学项目就有 39 个。三是在一些地区合作办学项目流于形式，学生仅在所在地高校接受本土化教育，合作双方缺乏稳定的交流合作机制，更不必说师资互通、资源共享，导致国

---

① 教育部：《2018 年度我国出国留学人员情况统计》，http://www.moe.gov.cn/jyb_xwfb/gzdt_gzdt/s5987/201903/t20190327_375704.html。

际合作彻底沦为噱头，大量社会资源被浪费。四是各国的优势专业学科未能有机对接。与进入世界大学排名前200名的东北亚高校（分别是日本的东京大学、京都大学、大阪大学，韩国的浦项科技大学、首尔国立大学和先进科技学院）的合作基本没有；现有高校合作中，进行科研合作的力度不大，规模和范围有限，引进优质教育资源和智力资源的渠道有限。从东北亚地区高等教育师生交流情况看，存在明显的非深入性。在学生交流层面，东北亚地区相互输入的留学生主要以本科学历教育为主，高层次的人才交流相对较少。截至2018年6月，在我国境内开设的127个中俄合作办学项目中，本科项目有106个，硕士研究生项目仅有4个。而且，多数合作办学项目是在双方学院、系或者教研室的基础上，而不是在校级层次上进行的。由于东北亚属于多语种地区，学生专业选择更多地倾向语言、工商管理、国际贸易等人文社科，而忽视各国优势的专业与实用性较强的学科。

4. 合作质量保障体系不完善

中国与日本、韩国的合作质量保障体系建设水平较高，但与蒙古、朝鲜、俄罗斯的质量保障体系建设尚未列入当前的发展重点。一方面，教育评估体系差异巨大。中日韩都有自身的一套质量保障体系用以维护提高本国高等教育的质量和竞争力。随着中日韩高等教育区域合作的不断深化，越来越多的教育项目是以联合授课或联合办学的教育方式来进行。对这些联合授课的联合办学的教育项目应该按照何种方式进行管理，按照何种程序、标准和方法进行评估呢？这些问题不仅涉及相关院校和政府部门，还涉及相关行业与社会评估机构。虽然，中日韩现有的质量评估体系都是由自我评估和外部评估两部分组成，但三方在大学制度、评估制度、评估方法和评估标准上都存在着各种各样的差别。例如，中国的质量评估体系是以政府为主导的，而日韩的质量评估体系是半政府半民间性质的；中国政府的大学综合质量评估以培养目标的达成度、社会需求的适应度、师资和条件的支撑度、学生和用户的满意度等为评估标准，而韩国政府的大学综合质量评估以就业率、在校人数和奖学金发放率等为评估标准。

另一方面，教育保障体系建设任重道远。评估体系的差异性和利益相关者的多样性对构建中日韩高等教育质量保障机制形成很大的挑战，而一个协调一致的质量保障机制是学分互换、学历学位互认以及区域高等教育水平提高的基础。在

2010 年的中日韩大学交流合作委员会第二次会议上，中日韩三方通过的《中日韩有质量保障的大学交流合作指导方针》开启了中日韩高等教育保障机构之间的合作，探索建立大学交流与质量保障的有效运行机制，保障学生及其他相关者的利益，促使参与方各尽其责、通力合作。未来中日韩还需要在"亚洲校园"项目的基础上，进一步探索构建教育质量保障体系的道路。

5. 合作的衔接互认机制不健全

首先，学分互换机制不健全。学分互换是中日韩高等教育区域化发展面临的一个重大问题。中日韩之间很多教育机构虽然签订了有关互换学生与学分的协定，但由于彼此高等院校的学制以及毕业要求不同，协定带来的实际效果并不理想。根据日本国立大学协会在 2007 年进行的调查，约有七成的留学生称留学中取得的学分不被认可，很可能要留级。对于留级和毕业风险的忧虑，在一定程度上降低了学生在校期间选择短期留学的意愿，而要改变这一局面需要中日韩高等教育机构在成绩评定、毕业标准、开学时间和课程设置等方面取得一致。如果这些在个别院校之间实施的学分互换制度能够上升为国家间的学分互换制度，中日韩之间的学生交流活动将会更加活跃。

其次，学历学位互认标准尚待确立。中韩已经签署了学历学位互认协定，日韩和中日之间尚未签订类似协定。目前中日韩政府已经意识到了这些问题，中日韩政府已就学分互换和学历学位互认达成共识，并且开展了像"亚洲校园"项目，但距离全面学校间实现学分互换和学位互认还有很大一段距离，亟须确立统一的互认标准。

再次，科研标准和规范不兼容。尽管东北亚高校实施的合作项目逐步从短期的、零散的、小规模的项目过渡到中长期的、大规模的项目，但是合作出版学术成果很少，联合发表成果的更少，尤其是汉语、俄语学术著作在世界学术出版物中还处于边缘地位。其中的一个原因是科研标准不一，规范不兼容所致。

6. 语言人才培养不足

语言是国际交流合作的基石。正如国家主席习近平在塔什干乌兹别克斯坦最高会议立法院发表的演讲时指出的，"沟通交流的重要工具就是语言。一个国家文化的魅力、一个民族的凝聚力主要通过语言表达和传递。学会不同语言，才能了解不同文化的差异性,进而客观理性地看待世界,包容友善相处"①。高等教育合作离不开语言与文化的双向流动和内外联通。东北亚六国不享有共同的语言,东北亚地区语种多样,包括中文、日语、韩语、俄语、朝鲜语、蒙古语,各国语言并不相通,跨地区合作存在语言障碍,这严重影响了东北亚地区各国高等教育国际合作的深度。因此语言问题是困扰东北亚地区各国高等教育区域化发展的一大难题。

当前,从各国语言供需对接情况来看,缺口还非常明显。尤其是在与俄罗斯教育合作中,语言问题尤其突出。我国基础教育阶段的外语教学以英语为主,俄语作为第一外语的生源数量很少,导致俄语零基础的学生进入大学专业学习时增加了学习难度,而且中俄合作办学招收的学生语种大部分是英语,懂俄语的学生较少,但俄方教师所使用的教学语言多为俄语,没有俄语基础的学生需要花费大量时间去学习语言,这对学生的专业学习受到了很大影响。

尽管近年来,汉语被俄罗斯列入国家统一考试科目,学习汉语的俄罗斯学生数量逐年增加,但专业化的俄语教学机构还是太少。俄罗斯所有院校中,能提供高水平汉语教学的院校不超过 10 所,这完全不能满足中俄关系水平的需要。而我国学习俄语的高校学生数量更少,其中约一半的学生是以选修课的形式学习俄语,在正规教学大纲范围内学习俄语的人数锐减。尽管俄罗斯高等教育在工程类、计算机、医学、经济学、艺术学、文学等专业领域具有明显优势,但由于懂俄语的人才少,所以能够选择工程类、计算机等专业的人才依然十分缺乏。

语言人才供给不足,不仅影响了东北亚留学生互动、合作办学、高校伙伴关系的达成和合作研究的推进,也严重阻碍东北亚经济、政治、文化等领域的相互了解和交流合作。

(二)我国在东北亚地区各国国际教育合作中的问题

1. 学生流动量少

尽管各国政府层面都鼓励和支持青年赴对方国学习,不断扩大双边留学人员规模,但总体来看,留学生流动水平偏低。2010 年中国在派往国外的留学生中,去往美国的学生所占比重为 58%,去往英国的占 20%,而去往俄罗斯仅占 2%。

①《习近平:携手共创丝绸之路新辉煌——在塔什干乌兹别克斯坦最高会议立法院的演讲》,新华网,http://www.xinhuanet.com/mrdx/201606/23/c_135459160.htm。

2014 年，来华的俄罗斯留学生总数为 17202 人，赴俄中国留学生总人数为 18269 人。"一带一路"倡议提出以后，来华俄罗斯留学生人数快速增长。2015 年，中国首次成为俄罗斯的最大留学目的国，而中国赴俄留学生增长缓慢。中蒙留学生互派人数严重不平衡，如 2013 年来华留学生为 8210 人，到蒙留学的仅 449 人。由于中国派出人员过少，蒙古来华留学生局限于语言和风俗相近的我国内蒙古地区高校，制约了双方高校合作交流的广度和深度。

而从日本人出国留学情况来看，日本学生赴海外留学学生中选择东北亚国家的学生比例也很小（见表 1、2）。

表 1　2019 年日本学生基于协议等日本留学的国家及人数 [①]

国家	留学生人数	占比（%）
美国	18138（19891）	16.9（17.3）
澳大利亚	9594（10038）	8.9（8.7）
加拿大	9324（10035）	8.7（8.7）
韩国	7235（8143）	6.7（7.1）
英国	6718（6538）	6.3（5.7）
中国	6184（7980）	5.8（6.9）

注：括号内为 2018 年的人数

表 2　2019 年日本学生自主出国留学的国家及人数 [②]

国家	留学生人数	占比（%）
美国	6395（7541）	15.6（16.9）
加拿大	3107（3452）	7.6（7.7）
澳大利亚	3000（3252）	7.3（7.3）
菲律宾	2630（2532）	6.4（5.7）
英国	2453（2423）	6.0（5.4）
中国	2067（2411）	5.1（5.4）
韩国	2036（2353）	5.0（5.3）

注：括号内为 2018 年的人数

① 《日本人学生留学状况调查》，https://www.jasso.go.jp/statistics/ryugaku_kyotei_jokyo.html。
② 《日本人学生留学状况调查》，https://www.jasso.go.jp/statistics/ryugaku_kyotei_jokyo.html。

从上表可以看出，基于协议的日本留学生前往的国家中，中韩分别排在第6位和第4位，两者相加占比12.5%，还不及排名第一的美国；而自主选择出国国家时，中韩均落出前五之外，可以看出东北亚对日本学生的吸引力还不够。

2. 合作办学的影响力不足

近年来，在政府引导下，高校之间建立起对口合作的新机制，例如，中俄双方成功搭建中俄工科大学联盟、中国东北地区与俄罗斯远东西伯利亚地区大学联盟、中俄医科大学联盟、中俄交通大学联盟、中俄教育类高校联盟等共9个大学组成的中俄高校合作共同体，但合作的影响力存在不足。俄罗斯、日本、韩国等国和中国签署合作协议的高校，大多是缘于政府宏观政策的引导和对自身更高地位和声誉的追求，多停留在建立学术会议等层面，而缺乏基于学科对接、优势互补的实质性合作。中国高校在政府政策的推动下也积极与东北亚国家高校签署合作协议。但是，许多合作协议履行的不够彻底，甚至被束之高阁，尤其是签署合作的高校过分集中。例如，从参与合作的俄罗斯高校，除了首都莫斯科的高校外，其他合作高校主要集中在远东和西伯利亚地区，西伯利亚远东地区的高校与中国300多所高校建立了伙伴关系，一些俄罗斯高校对外签署的协议达几十份之多。中国与俄罗斯高校签署合作协议的高校，主要集中在东北地区、北京、山东等地。相近的地缘条件、长期的往来互通等促使我国东北地区和俄罗斯远东地区在合作办学方面保留着传统优势，但另一方面也导致了合作办学区域分布不均衡且过分集中，不利于高校的务实对接和协议的真正履行，难以在其他区域产生较大的影响力，合作办学声誉和品牌形象等均受到一定限制。

3. 高等教育"走出去"不足

随着教育国际化战略的实施，各国高校都将国际化作为未来发展的方向，积极开拓海外教育市场。政府支持高校建立直接联系，促进高校在人才培养、科学研究、社会服务等方面合作。但总体上来看，教育海外市场开拓不足，以中国引进俄罗斯、日本、韩国的教育资源为主，而俄罗斯、日本、韩国引进中国教育资源尚处于起步阶段。例如，俄罗斯目前在中国设立的合作办学机构已经有6个，有9所高校和12所分校、伙伴性机构和联营性机构在中国设置跨境高等教育机构；而我国仅有2所高校赴俄开设境外合作办学机构。又如，蒙古国内已有5所外国高校建立的海外分校，但中国高校在此方面并未取得实质性的进展和突破。

我国高等教育资源在"质"与"量"上并不缺乏，但如何在短时间内促进丰富且优质的高等教育资源"走出去"是促进国际交流合作的难题。

4. 高等教育科研合作不足

科技领域的合作一直是高校国际合作的重点方向，但中国与东北亚国家高校之间的科研合作远没有达到政府的政策预期，还存在着很大的提升空间。一是两国学者的流动与合作尚处于起步阶段。尽管两国都在实施宏大的引智计划，斥巨资邀请外国科学家和学者到本国从事科学研究，但从外国专家局统计数据来看，截至 2016 年 3 月，在中国工作的俄罗斯专家仅有 961 人，占所有外国专家总数的 2%，而其中就有 810 人在人文、教育领域工作，基本上是俄语教师，其余 151 人分布在经济、科技领域。同时，很少有顶尖的中国学者到俄罗斯工作，在俄罗斯工作的学者基本上限于汉语教师。二是一些合作项目因为缺乏可持续机制而运作迟缓。虽然两国建立了一些合作科技园、技术园、创新园，但是不少园区并未明确伙伴方的利益，合作方缺乏持续获取经费支持和人才保障的环境和条件，因而管理效率差，可持续发展能力不足。正如俄罗斯学者所指出的那样：缺乏明确的合作目的、任务和方向（至少中期方向），是影响中俄友谊科技园活动积极性的最大阻碍因素。在两国科技合作中，中国往往倾向于投资成熟的或者现成的技术，而对那些有前景的、尚需孵化的技术，双方都不愿意承担金融风险。

5. 我国留学生的专业结构不合理

在俄中国留学生以人文社会科学为主，特别是语言学习占首位，而理、工、农、医等专业所占比例很低。根据中蒙两国签署的《关于建立和发展全面战略伙伴关系联合宣言》，中蒙在经贸领域的合作重点是矿产资源开发、基础设施建设合金融合作，这也是"一带一路"倡议和"草原之路"的重点对接领域，由此亟须高校在采矿工程、地质工程、技术、金融、经济等相关领域培养相应的专门人才，但目前中蒙两国高校合作培养的人才大多属于语言类，经贸和金融类人才较少，工程和土建类人才更是严重缺乏，在整体结构上与双方的战略重点不够匹配。

（三）东北亚地区各国国际教育面临的挑战

过去几年，随着疫情的蔓延，东北亚国际教育面临着一些特殊的挑战。

第一，学生出国意愿降低。一方面，新冠疫情对全球经济影响巨大，导致全球失业率上升，很多家庭的收入骤减，削弱了一些家庭资助孩子出国留学的经济能力。另外，鉴于全球疫情形势，很多学生和家长担心出国留学会增加感染风险，也对毕业后就业情况产生质疑。因此，学生和家长开始更加理性地看待出国学习，对留学有一些新的认识，会更加慎重。

第二，学生的国际流动减少。疫情发生后，大多数国家都对人口的流动实行了限制性政策，人员流动从"出境"到"入境"都将面临困境，学生的流动将大大减少，很多学生的出国留学计划被迫取消，在籍的国际学生也无法正常返回学校上课，被迫实施网上听课，部分课程教学活动或教学计划甚至被取消。根据调查报告显示，疫情影响了66%的中国学生的留学计划。[1] 新冠肺炎疫情对国际教育合作不仅已经产生了直接影响，其复杂性与不确定性还将继续影响全球国际学生的流动格局。

第三，网络教学属性本身特有的弊端。疫情之下，网络教学成为常态后，直播课、录播课、远程指导等线上教学和远程授课成为学生学习的主要模式，其本身具有一些缺点。一是语言环境的缺失。国外留学实际上提供了一个沉浸式、体验式学习环境，而通过网络形式进行学习，学生完全脱离了目的国的语言环境，使留学有名而无实，失去了留学的魅力和吸引力。二是网络教学的质量难以保证。实行大规模线上教学，对于教师来说，教授什么样的内容能让学生容易接受，如何进行教与学的互动，如何保障课堂纪律和学习气氛等，都是亟待解决的问题。特别是那些实践性较强的专业，通过线上教学的方式很难保证其教学质量。

---

① 《疫情影响下留学生白皮书》，https://baijiahao.baidu.com/s?id=1673444686963130365&wfr=spider&for=pc。

二、强化东北亚地区各国高等教育国际合作的对策

我国在东北亚地区各国高等教育国际化的进程中，应该遵循教育发展的规律，以促进本国高等教育国际化发展为出发点，以弘扬我国优秀传统文化为落脚点，提升高等教育国际化的效率效益，进一步提升我国应对高等教育国际化趋势的治理能力和治理水平。

第一，加强对东北亚地区各国高等教育国际合作宏观调控。一是注重顶层设计，服务国家战略。高等教育国际化是全球高等教育发展的必然趋势，也为各个国家高等教育发展注入了新的活力，同时也为我国高等教育的国际化发展提供了一个更为广阔的世界舞台。各级政府要积极促进我国高等教育的国际化发展，从全局的角度对我国高等教育的发展全方面、各层次、各要素统筹规划，以集中有效资源，依托并全力服务国家战略，从而更加高效地实现我国高等教育国际化的进程。二是优化战略布局，完善高等教育国际化体系。教育国际化的政策要立足于本土，充分认识到我国现阶段高等教育资源分布不均的问题，制定具有个性化的高等教育国际化发展策略；要认识到我国与各国高等教育发展之间的优势与劣势，从政治、经济、文化等各个方面为推动高等教育国际化。三是加大国际化办学的质量评估和风险控制。加强对高等教育资源进行有效配置，就需要高校建立国际化办学的风险控制机制，对办学活动过程进行监控、对办学效果进行评估。高校在国际化办学活动中需要全面深刻认识本国文化，以互学互鉴的平等心态理解和认知国外的办学理念和管理制度等，在引进和借鉴国外先进办学理念和管理制度的同时，也应注重输出成功的办学经验和办学特色，实质性地提升高校国际化办学活力与全球竞争力。

第二，完善东北亚高等教育国际合作机制。要充分发挥合作组织在高等教育国际合作中的作用。一是发起建立国际合作机构和基金组织。通过国际合作机构更有效地推动各自在教学科研、学术交流、人才培养及学科建设等多领域的合作与发展，并在组织和资源方面实现共享，实现资源的最优化配置。成立东北亚教育合作基金，支持开展重大合作项目。二是推动建立高校联盟和合作交流示范区。

我国高校要充分发挥在东北亚的区位优势，在东北地区建立高校联盟与合作交流示范区，实现教育资源集约化，通过区域内联盟和示范区的资源共享带动区域内各国教育的进步，从而提升区域整体的教育服务方面的水平和国家影响力。三是推进东北亚地区高等学校教育体制的创新。东北亚教育合作的活力，来自区域教育体制创新。目前区域中各国教育发展不平衡，因此积极推进教育体制朝向服务区域共同发展的方向变革，将成为区域发展的新增长点，如中国东北可以设立教育改革实验区，引进国际教育经验；实施自主办学体制、自主招生、联合办学等。推动东北亚地区各国各高校联合办学，可试行创办东北亚共同大学，鼓励不同国家设立不同学院，实行自由办学的教育特区政策，开放办学机制，重点培养某些领域的高级专门人才。四是加强东北亚地区高校优势学科的国际合作。东北亚地区高校的学科发展要以高水平的科学研究和知识创新能力为带动，引导一批一流学科的布局和发展，通过国际交流将现有学科资源整合重组，将相关学科组合成一流学科群，集中优势资源进行布局。学科群的布局要以区域经济发展为需要，挖掘地方间的合作潜力，开发新的合作领域，真正实现优势互补和共同发展。

第三，构建质量保障体系。高等教育质量问题源自功利主义思想。目前，QS世界大学排名（Quacquarelli Symonds World University Rankings）、泰晤士报世界大学排名和 US News 世界大学排名（US News Best Global Universities Rankings）等大学排名榜很大程度上已成为衡量大学质量的标准。这些最具影响力的世界大学排名都将国际化作为其评价指标之一。受此影响，各个国家和地区纷纷将国际合作当成提升大学竞争力的手段，但却或多或少地忽视了合作质量。

东北亚地区各国高等教育在国际舞台上具有重要的地位。虽然近十年来东北亚地区各国高等教育质量保障活动的频率不断增加，但是各国参与的广度和深度还不够，地方质量保障机构、高校还没有广泛地参与其中，国际先进的质量保障理念还没有得到普及和实践。在高等教育质量保障国际化程度不断提高的情况下，加强高等教育国际合作质量保障成为东北亚地区各国高等教育协同高效发展的现实选择。因此，必须重视与国际质量保障组织开展实质性合作，并拓宽合作的深度和广度。例如，参照国际质量保障组织的标准，对东北亚地区高等教育质量保障进行批判性反思，客观地分析其质量保障的优势和劣势，同时针对问题，邀请国外专家和学者共同参与高等教育质量保障的实践活动和能力建设。此外，要更加主动地走出去和引进来，努力扩大我国在东北亚地区高等教育质量保障中的参与度、话语权和影响力。具体地说，就是通过学习国际质量保障指南，培养具有国际视野的评估专家，建立我国跨境教育质量保障的标准，提高我国高等教育质量保障的国际化程度。同时，不再被动地效法和学习国外的经验，而是建立质量保障效力分析框架，以此为分析工具，在对国外高等教育质量保障进行优劣分析和价值判断的基础上，有选择地学习值得借鉴的方法，避免出现质量保障效力降低等问题。通过批判反思和自主改进，将国际经验本土化，使我国高等教育质量保障体系的效力在移植与创新的基础上逐步提高，在此发挥榜样作用，形成示范效应，以此提升东北亚高等教育质量保障水平。

第四，促进东北亚各国提高留学生的比例。我国作为世界上最大的留学生输出国，2018 年我国出国留学人员总数为 66.21 万人，其中多数前往欧美发达国家和地区求学，前往东北亚地区各国留学人数明显太少。今后，应从政府层面扩大东北亚地区留学生规模，提升各国在对方留学的学历层次，鼓励更多留学生在硕士和博士阶段学习，走出东北亚地区留学生因学力限制而仅能以人文社会科学专业为主的困境。尤其要要发挥国家公派留学对高端人才培养的调控补给作用，加快培养国家战略急需人才，深化东北亚地区在各个专业领域的合作。

第五，促进私立高校积极参与东北亚教育合作。日本和韩国的大学私立大学为主，中国的大学是以公立为主，但私立高校数量和比例已经到 1/5，其中一些民办高校的质量和水平已经到了相当的水准。国外的私立大学和我国的民办高校体制机制相似，国际交流具有特定优势。因此，可以积极引导和推进私立高校参与东北亚高等教育合作，一市促进民办高校"走出去"，建立海外分校；二是促进民办高校积极引进中外合作项目；三是建立"国内公立高校＋国内民办高校＋国际私立高校"多校合作的模式。

三、对中国东北地区各大高校的建议

我国东北地区位于东北亚地区的中心腹地，独特的历史、政治、经济、军事和地理特征赋予了东北高等教育发展得天独厚的先天条件。各高校要充分认识高等教育国际化的趋势与要求，深刻把握学校国际化发展的问题与挑战，继续谋划推进大学建设的国际化战略。目前，需要重点抓好以下几项工作。

第一，加强高等教育国际化内涵建设。首先要求我们树立开放办学理念，深刻认识国际化办学使命。高校要倡导全球教育、开放办学的理念，进一步参与东北亚高等教育的交流与合作。国际化要作为一种理念，充分融入学校整体的战略规划中，使国际交流与合作成为学科、学院和学校各项工作开展的有力"抓手"，在全面审视自身办学条件和办学实力以及深刻剖析当前阶段的发展规划之后，合理制定国际化办学的长期、中期和短期目标。其次积极参与国际交流与合作，建设一流国际化师资队伍。国际化的教育必然需要拥有国际化师资队伍，师资国际化是高等教育国际化发展的必然要求。高校应以参与国际交流与合作为途径，以政策支持为优势，广泛吸引国外知名专家学者，强化国际化师资队伍建设。加大中外合作办学的改革力度，持续推进涉及外国专家、外籍教师来华的政策改革。另外，三是推动国际化课程建设，提升高校吸引国际学生的能力。伴随着全球化的不断深入、高等教育国际交流与合作的不断开展，高等教育国际化课程也得到了推进与延伸。为了培养具有全球战略眼光的国际化人才，各高校应更加注重国际化课程的开发与建构。各高校可根据东北亚整体社会发展的特点与需求，打造特色鲜明的国际化专业，开设具备国际化特点的双语课程，如环境保护、环境工程、人工智能、生命科学、能源科学等，并在此基础上开展跨境教学有关研究。最后，促进东北亚高校特色发展。发挥不同学校特色，避免东北亚地区合作院校的同一化、同质化现象。在高等教育国际化进程中，各国高校间的同质化现象较严重。在中国留学生中，以人文社会科学为主，语言文学占首位，其次是工商管理学科，而理工农医等专业所占比例很低。因此，在选择合作办学的学校时，应突出特色，取他人之长，优势互补，这才是国际化的本质目标和正确道路。

第二，开展多种形式的全面合作。以留学生跨境交流为主的国际合作是区域高等教育协同发展的初级阶段。相对于以往东北亚地区主要的高等教育交流形式，在推进"一带一路"倡议的新阶段，需要开展全方位的国际合作，需要建立一种新型的、紧密的、多元的高等教育国际合作体系。首先，需要因地制宜开展多种形式的教育援助。借鉴德国对外援助经验，可以充分依托学术交流中心，开展东北亚地区常态化的教育援助，共同构建东北亚地区高等教育命运共同体。非政府组织的身份使学术交流中心能以东北亚高等教育代表的形象出现，从而淡化官方色彩，以更加灵活的方式开展教育援助，甚至还能对官方援助无法触及的领域进行援助。从组织构成来说，可以设置由各国代表组成的理事会，受各国财政资助。在此基础上，东北亚学术交流中心可以作为文化外交机构，确保东北亚高等教育在世界范围内的竞争优势。其次，要全面扩大对外交流。首先加强顶层设计和战略部署，推动政府间的务实性交流。针对东北亚地区高等教育发展差异较大的情况，要制定政府间交流与合作的中长期发展规划，将相关的文化教育合作协定以及交流计划落实到位，有条不紊地逐步推进高等教育的多层次、全方位的交流与合作。其次要利用好前期工作所取得的成果优势，充分发挥"校长论坛"等现有机制的作用，拓展现有机制框架下的高等教育国际合作形式。再次，要通过民间发掘合作新形式。应鼓励东北亚地区民间组织、个人开展高等教育合作，并通过出资举办国际文化节、高等教育成果展等活动，实现我国文化及其精神、价值理念的"走出去"。

另外，我们也要重视引进外国尖端领域的教育资源，并加强东北亚科研机构间合作。在引进东北亚国际教育合作资源时，应重视对于尖端领域教育资源的引入，瞄准东北亚高层次大学的。同时，我们也要关注国内弱项和缺项的紧缺领域，采取多种措施，引进国际教育合作资源，不要将学校的排名作为引进和批准中外合作办学项目和机构的唯一条件，要不拘一格，采取多种形式来推进合作。要采取多种措施解决当前国际合作中研究数量不多，规格和层次不高，高校、科研院所和企业等各方形成的合力不强，科研方向与两国战略发展合作重点不符，针对战略合作开展的前瞻性研究不多的问题，促进东北亚各国高校利用各自的优势，强强联合，实现科研合作与创新。

此外，加强语言人才培养。语言人才（尤其是俄语和蒙语的人才）的供给不足，不仅影响了东北亚地区各国留学生互动、合作办学、高校伙伴关系的达成和合作研究的推进，而且从长远来看，将严重阻碍东北亚地区各国经济、政治、文化等其他领域的合作交流。在现有高校语言专业建设的基础上，继续扩大东北亚地区各国多边合作联合培养模式，不仅是语言类专业，将联合培养的范围拓宽到其他优势专业。例如，技术类专业可以和语言类专业联合培养海外留学生，弥补语言类专业只注重语言教学、浅谈历史文化、国际合作跟不上社会发展等弊端。与此同时，广泛联合区域内其他国家，形成更加多样化、多渠道的文化交流机制。建立"语言为媒介、文化为实践"的高校和社会团体联合互动机制，满足区域人文互联互通的实际需要，在高校普及民族语言的同时，在全社会范围内传播民族文化，以高校带动整个社会，缩小文化差异，增进相互理解，构建信任关系，提升合作层次。探讨东北亚地区设立综合性语言文化教育机构的可行性。对现有的机构办学经验进行整合，在其他国家和地区联合办学。对外，传播和展示东北亚地区多元文化发展；对内，有利于互学先进的教学方式，加深彼此之间的合作。五是要加强大学与高中的合作，重视培养精通一门或两门东北亚语言的中高端人才。

最后，促进高等教育线上教育资源共享。一是加强高等教育线上教育资源的建设。疫情背景下，推动线上线下教育的有机融合，加强线上教学互动具有独特价值。线上教育的最大优势就是互联互通，可以随时随地与世界上的任何一个人，任何一个网站相连接进行教学活动。东北亚各高校应充分利用线上教育这种任意连接、任意交流、任意沟通的作用，推动区域之间、高校之间线上教育资源的共享，进而推动高等教育国际化发展。高等教育国际化的推进要以此为契机，东北亚各高校间需加强线上教学建设，在网络条件、硬件条件、师资信息化水平、课程改造等方面积极探索信息化环境下的国际化培养模式。二是推进东北亚高等教育数据库建设。东北亚高等教育数据库的建立，能为各国进行高等教育交流和资源共享搭建了一个便捷高效的平台，为东北亚地区各国的高等教育交流奠定基础。高校作为教育文化资源与创新的中心，应积极研发和构建东北亚高等教育数据库，包括东北亚高等教育学校的分布情况，学科专业分布、数量、质量的发展状况，东北亚地区各高校的课程资源，学生情况等方面。

四、结语

推动东北亚地区各国高等教育国际合作是高质量推进"一带一路"倡议的重要一环，也是推动高校发展的历史性机遇。我国东北三省和内蒙古东部地区，都在十四五规划中将推进"一带一路"倡议建设作为本省规划的重要组成部分，提出充分发挥沿边沿海近海的优势，向东对接日本、韩国、朝鲜，向北向西对接俄罗斯、蒙古，打造东北亚地区经贸合作的新局面。最终实现以东北亚地区为枢纽，高质量融入"一带一路"倡议。

通过高等教育合作，可以加深世界各国人民之间人员的交流和文化的理解，共同构建人类美好的人类命运共同体。人类命运共同体的建立，要通过政治、经济、文化、技术、教育等不同领域同时推进，高等教育具有创造知识、传播知识、服务社会、传播文化等功能，在人类命运共同体的建设中，要总结和传播人类各民族的文明智慧，研究和解决世界面临的各种问题，研发出实用的科技成果，提出有效的社会决策建议。

截至目前，东北亚地区各国的高等教育合作基本没有受到疫情的实质性影响，我国东北地区的高等学校要清醒认识到自己的历史使命，要使东北亚地区各国的高等教育国际合作在新冠疫情结束形式更多样、渠道更畅通、合作更紧密，为我国高等教育国际合作起到示范作用。

参考文献

巴图吉日嘎勒：《"多支点"外交视阈下蒙古国国际教育交流与合作研究》，吉林大学博士学位论文，2018。

吴松等：《WTO 与中国高等教育发展》，北京理工大学出版社，2002。

范新霞：《韩国国际留学生教育发展的政策分析及启示》，《赤峰学院学报（自然科学版）》2017 年第 5 期。

郭强、赵风波：《"一带一路"战略下的中俄跨境高等教育》，《中国高教研究》

2017 年第 7 期。

李松林、凌磊：《韩国高等教育国际化发展战略与实践——基于留学生的数据分析》，《延边大学学报（社会科学版）》2019 年第 52 期。

刘进、王辉：《"一带一路"沿线国家的高等教育现状与发展趋势研究（二十二）——以蒙古为例世界教育信息》2019 年第 32 期。

刘琼、刘桂锋、丁岚：《中韩科研合作网络、模式与演进路径》，《科技管理研究》2019 年第 13 期。

刘淑华、宋永华：《"一带一路"背景下的中俄高等教育合作：问题与对策》，《高等教育研究》2019 年第 40 期。

刘艳红：《"一带一路"背景下的大学国际交流与合作》，《黑龙江高教研究》2016 年第 3 期。

齐小鸥：《日本高等教育国际化政策：演进与趋势》，《上海教育评估研究》2018 年第 7 期。

邱红：《中韩两国人才交流与合作开发研究》，《东北亚论坛》2008 年第 6 期。

宋志勇：《中日重点大学交流与合作的现状及特征》，《复旦教育论坛》2007 年第 1 期。

魏玉亭、高长完：《韩国高等教育国际化建设：动因、战略与挑战》，《比较教育研究》2019 年第 6 期。

钟建平：《"一带一路"背景下中蒙高等教育交流与合作：现状、困境及对策》，《大学教育科学》2017 年第 4 期。

佐藤元彦、杨新育、村田直树等：《中日大学间交流合作的有利因素与不利因素》，《世界教育信息》2014 年第 27 期。

东北亚地区国际合作视域下 MTI 专业
与师资队伍建设研究

彭明新　申　婷　刘小赫 *

摘要：翻译硕士专业学位（MTI）旨在培养满足我国翻译市场所需要的高层次、应用型、专业性、职业化的口笔译人才。翻译服务业涉及经济、文化、科技等多个领域，已经呈现出全球化、产业化、信息化的发展趋势。这对日语翻译硕士专业学科与师资队伍建设提出了新的挑战。

关键词：翻译市场导向；日语 MTI ；学科；师资；建设研究

一、引言

东北亚区域是全球化和区域化进程中世界性的重要次区域合作区域，也是从经济合作条件、规模、活力、潜力等方面具有优势和基础，具有巨大发展前景的经济区域。未来，中、日、俄、韩、蒙、朝鲜国家的经济合作有可能建成媲美欧盟、北美自由贸易区的经济合作区域，而翻译工作是区域经济合作、对外交流和国际交往的重要桥梁和纽带。随着我国在政治、经济、文化等各领域的对外交流

---

* 彭明新（1964—），男，日本学硕士，教授，主要从事东亚问题、翻译理论与应用的研究；申婷（1998—），女，吉林外国语大学日语口译研究生，主要从事东亚问题、翻译理论与应用的研究；刘小赫（1998—），女，吉林外国语大学日语口译研究生，主要从事东亚问题、翻译理论与应用的研究。

与合作日益频繁，翻译专业人才在我国经济发展和社会进步中的作用日显重要，对外语及翻译人才，尤其是具有专业水平的高级翻译人才的需求，将会更多、更迫切。

语言服务业是近年来迅速成长起来的现代服务业，涉及经济、文化、科技等多个领域，已经呈现出全球化、产业化、信息化的发展趋势，不仅自身产生巨大价值，还辐射和带动产业上下游领域的发展，带来更为庞大的关联价值。作为全球化时代社会经济发展的基础性支撑行业，语言服务业正逐步展现其战略价值。因此，日语 MTI 学科与师资队伍建设也必须适应翻译市场的发展趋势。

二、中国日语 MTI 培养现状与教学要求

全国有 249 所高校设立了翻译硕士专业（MTI）学位，其中有 60 余所高校设立日语翻译硕士专业学位，我国的翻译硕士专业学位建设迎来了发展的黄金时期。[①] 同时，我们需要共同探讨人才培养的创新、课程体系的完善、师资队伍的建设，并共同克服翻译专业人才培养过程中遇到的难题。

我国日语 MTI 人才培养面临着导师队伍、培养模式、课程设置、实践环节、学位论文考核等重要环节，其中最重要的问题是我国现行外语人才的培养模式偏重于学术训练，不利于高级翻译人才的培养。

目前，我国日语翻译专业人才的培养与传统外语教学在教学目标、教学内容、教学方法与手段等方面差异很大。

（一）教学目标

外语教学目标主要培养学生的外语交际能力，训练学生听、说、读、写、译的语言技能。这里的"译"在更大程度上是一种语言教学手段，目的是帮助学生理解和掌握外语语法、词汇，或用来检查学生外语理解和表达水平，作为增强学生外语能力的一种手段，而不是目标。

而翻译教学目标则是建立在学生双语交际能力基础之上的职业翻译技能训

---

① 引用自全国翻译硕士教育指导委员会 2020 年数据。

练。翻译教学从职业需求出发，主要包括三个方面：语言知识、百科知识（尤其是国际政治、经济、法律等）和翻译技能训练（包括翻译职业知识）。

（二）教学内容

外语学习主要训练学生学习语音、语法、词法、句法等语言基本知识，基本不涉及语言的转换机制，而只是用单一语言去听说和表达。这也就是为什么一个能讲外语的人，虽然能流利地用外语表达其本人的思想，但不一定能胜任翻译工作的原因。

翻译教学则主要是训练学生借助语言知识、主题知识和百科知识对原语信息进行逻辑分析，并用另一种语言将理解的信息表达出来，这些专门训练包括：译前准备、笔记方法、分析方法、记忆方法、表达方法、术语库的建立，等等。双语转换机制还涉及语言心理学、认知学、信息论、跨文化等多种学科。

（三）教学方法和手段

外语教学需要的是良好的外语交际环境，以便利用各种手段训练学生的听、说、读、写的能力。而翻译教学需要的是双语交际环境、特定的交际人、交际主题，包括翻译用人单位的需求等。翻译不能表达自己的想法，也不能阐述或掺杂译者自己的观点，而是要忠实地表达讲话人或作者的想法或信息。因此，需要利用各种可能的手段训练用一种语言理解信息，用另一种不同的语言表达相同的信息。完成这些需要大量的翻译实践才能够实现。

翻译作为一个职业，专业化程度高，应用性和操作性都很强。从业人员不仅要具备扎实的中文基础和至少通晓一门外语，还要具备一定的语言学、翻译学知识，同时还要具备广博的其他学科（如经济、管理、法律、金融等）知识和实际翻译操作技能。因此，翻译职业的特殊性要求，是现行外语教学体制无法完成的。基于此，有必要在保留已有的外语人才培养模式的同时，引入专业学位培养模式，设置翻译硕士专业学位。

三、日语 MTI 翻译学科建设与提高人才培养质量的路径

我国高校翻译专业的发展经历了探索阶段、诞生阶段和发展阶段。以吉林外国语大学的培养路径为例，其研究生培养始于 2005 年与东北师范大学联合培养语言文学类研究生，是研究生培养的探索期。其翻译专业硕士研究生设置于 2011年，2012 年招收首届研究生，2017 年 10 月，其以优异成绩完胜全国翻译专业教育指导委员会进行终审评估，宣告已经结束翻译专业的诞生期，自 2018 年开始步入发展阶段。

翻译专业学科梯队建设是学科建设的核心。高等学校发展的基础是抓学科建设，而学科建设的基础是师资队伍，学科建设代表着高校教学、科研和培养人才的专业方向。要创建一流的大学，必须要有高水平的学科；要想有一流的学科，必须要有良好的师资队伍。

（一）翻译硕士专业已形成多元化的培养方向

语言服务是跨语言、跨文化的信息转换服务和产品以及相关研究咨询、AI 技术研发、翻译服务与项目管理等专业化服务。从翻译服务到语言服务是翻译服务外延拓展，是满足企业和产品全球化的市场需求。本地化是翻译技能、信息技术与项目管理结合的现代语言服务之一，具有多领域、多语言、跨国和跨组织湿湿的特点，本地化项目管理成为本地化顺利实施的重要因素。

全国 249 所 MTI 高校中，已经有北京大学、广东外语外贸大学、西安外国语大学开设了"本地化"方向。北京大学从 2013 年末开始将 MTI 的培养方向设置为"语言服务管理"方向。北京语言大学从 2017 年开始在翻译专业硕士专业下招收"本地化管理"方向的硕士研究生。西安外国语大学从 2015 年开始在翻译专业硕士专业下招收"本地化与翻译"方向的硕士研究生。

本地化与翻译方向形成了以本地化工程与测试技术、本地化与翻译案例与实践、本地化与翻译项目与实践、机器翻译与译后编辑为核心的特色课程群。例如，吉林外国语大学从翻译专业诞生阶段的英语口笔译、日语口译、韩语口译、日朝

（朝日）双语口译、俄语口译 6 个领域，新增至德语口译、法语口译、西班牙语口译、阿拉伯语口译、意大利语口译 5 个领域，共计 11 领域。然而，在"本地化"方向设置上尚有极大空间。

（二）加强翻译硕士专业师资队伍建设，构建多元化、复合型教学队伍

加强翻译师资队伍建设是提高翻译专业教学的有效途径。随着我国翻译专业的蓬勃发展，各高校加强了翻译组织建设，加强了翻译师资队伍建设，并成立了高级翻译学院、翻译系、翻译研究所、翻译教研室等组织机构。

各校重视翻译教师的培训与交流，全国翻译专业学位研究生教育指导委员会、中国翻译协会和各省市翻译协会等团体开展了丰富多彩的翻译教师技能培训。例如，2019 年，吉林外国语大学协办了暑期全国翻译专业师资培训，来自欧美、中国大陆（内地）及港澳台地区相关专业组织机构、高等院校及跨国企业的 40 余名专家参与授课。全国 29 个省、市、自治区以及海外的 173 所院校、单位的近 500 名一线教师和翻译工作者参加培训。培育高素质翻译师资队伍是翻译学科健康发展的基础和前提，也是翻译行业健康发展的基础和前提。由此可见，中国翻译协会作为全国性的翻译专业组织，在翻译学科建设过程中发挥着组织和引导的作用。

（三）加强翻译硕士专业建设的规范化，重视翻译实践与职业发展

翻译是实践型和应用型的专业，为了实现培养专业化翻译人才的目标，开设翻译专业的高校加强了学生翻译实践能力的培养，通过创建计算机辅助翻译实验室、口译实验室、翻译实习实践基地、参与国家政府各部门和企事业单位的翻译实践项目，有效提高了翻译专业教师的实践能力。

全国 MTI 教育指导委员会编制并修订了《翻译硕士专业学位研究生指导性培养方案》《翻译硕士专业学位基本要求》《翻译硕士专业学位培养单位评估指标体系》《全国翻译专业学位研究生教育实习基地（企业）认证规范》和《全国翻译专业学位研究生教育兼职教师认证规范》等文件，旨在推动解决本专业的实践教学基地及兼职教师队伍建设中不够规范的问题。

（四）研究视野与领域急需拓展

中国翻译研究的大发展开始于 1987 年首届全国翻译理论研讨会。翻译研究的发展经历了从对翻译的经验性研究向对国外翻译理论研究的推介、再向对翻译学进行多学科研究的历程。其应用翻译是目前语言服务行业的主流翻译领域，涉及对外宣传、生产领域等方面，包括工程与技术翻译、涉外警务翻译、医学翻译、经贸翻译、旅游翻译等领域。

尽管翻译研究取得了较大发展，面对东北亚地区各国间不断深化的改革开放的新局面，翻译硕士专业仍要为国家发展和行业进步加强应用研究，拓展翻译研究的视野与空间，例如，加强翻译行业研究、翻译技术研究、语言大数据研究、本地化研究、语言服务研究、翻译职业能力研究等。

四、结语

为进一步学习贯彻落实习近平新时代中国特色社会主义思想，推动东北亚区域的翻译及语言服务行业创新发展，更好的服务国家发展大局与国际传播能力建设。日语翻译硕士专业学科与师资队伍建设是以翻译市场的发展大趋势紧密相连，其发展已形成多元化的培养方向，在师资队伍建设中要注重构建多元化、复合型的导师团队、专业建设的规范化、翻译实践与职业发展、拓宽研究视野与领域。

参考文献

国务院学位委员会第六届学科评议组：《学位授予和人才培养一级学科简介》，高等教育出版社，2013。

国务院学位委员会第六届学科评议组：《一级学科博士、硕士学位基本要求》，高等教育出版社，2014。

中国翻译协会：《2018 中国语言服务行业发展报告》，外文出版社，2019。

《全国翻译硕士学位点名录》https://cnti.gdufs.edu.cn/info/1017/1955.htm/。

CLIL 教学模式在日本学校教育中的应用与实践

何 欢[*]

摘要: CLIL 教学模式打破传统外语学习"先学后用"的教学理念,倡导借助语言学习和相关学科知识学习的互为语境化,促进外语学习的"即学即用",培养批判性意识和学思结合的综合素质,为语言和高阶思维能力的深度融合创造条件。近年来 CLIL 教学模式在日本学界引起高度关注,研究成果在学校教育中得到广泛应用与实践,形成了真正符合日本学习者需求的日本特色模式。

关键词: CLIL ; 日本 ; 学校教育

一、理论框架

传统的外语教学遵循"先学后用"的教学原则,侧重对词汇的识记和语法的讲解,选取的课文题材多为满足语言教学的难易度和梯度需求服务,忽视对内容的学科性和思辨性的有效挖掘。CLIL(Content and Language Integrated Learning),即"内容—语言融合式"教学模式是指用外语来教授非语言类学科知识、同时兼顾外语学习的教学模式。在以意义建构为主导、以问题探究为驱动的交流过程中,调动学生的学习内驱力,通过语言技能的"即学即用"、学科思维的拓宽与培养,由传统的语言一元中心转变为语言与学科内容的二元中心,实现语言能力与学科

---

* 何欢,女,吉林外国语大学东方语学院日语系,讲师,研究方向为日语教育。

知识"双聚焦"（dual-focused）。（如图 1、2 所示）

图 1　传统的外语教育观　　　　　　图 2　CLIL 的外语教育观

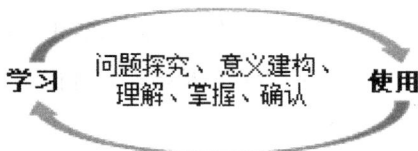

　　CLIL 是 1994 年起源于欧盟，为实现"M+2"（母语加两门外语）的语言学习目标，使欧盟成员国公民获取在其他成员国学习和工作的自由而倡导的一种高效外语教学模式。通过营造以内容（Content）、语言（Communication）、认知（Cognition）和文化（Culture）相结合的课堂语境（如表 1 所示），使学习者在学习学科知识的同时潜移默化地提高外语水平。这 4 项要素紧密结合、相互依存、相互促进、缺一不可。例如，内容与语言的非充分融合将导致无法使用外语讲授课程；内容与认知的非充分融合将导致无法提供符合学生认知层次的学科知识、启迪学生思维、开展深度交流、培养创新意识和创意能力；缺少认知与语言的深度融合将导致思维拓展过程严重依赖于母语，必须通过母语和外语之间的翻译转换才能实现思考与表达的过程链接；而脱离了文化的视域，则会影响对内容理解的全面性与透彻性、以及语言表达的严谨度，进而导致认知的偏颇。

表 1　CLIL 的课堂语境 4Cs 框架

内容（Content）	主题或学科内容，如人文社会、自然环境、工程技术等
语言（Communication）	发音、词汇、语法等语言知识与技能
认知（Cognition）	认知品质与高阶思维
文化 / 交际（Culture/Community）	跨文化交际、合作学习、世界公民意识

　　其中，针对 4Cs 框架中的交际（Community）部分，Coyle D 还提出了"语言三联图"（The Language Triptych）（如图 3 所示），指出通过交际习得外语的过程是由"语言的学习"（Language of learning）、"学习的语言"（Language for learning）和"在学习中生成新语言"（Language through learning）这三个阶段层层递进、循环往复得以实现。[①] "语言的学习"是指在使用外语进入正式的学科内容学习之前，学习者应掌握基础性的相关专业词汇和表达方式，具备基本的概念框架；"学习的语言"是指学习者在课堂语境中通过外语开展小组讨论、观点发表等合作学习探究全新学科知识的过程；"在学习中生成新语言"是指学习者在复杂意义协商的过程中通过不断拓展认知的边界，伴随探索与创新衍生出新的概念、萌发新的灵感，从而生成新的词汇、短语和表达等语言知识。

图 3　语言三联图

可以说，在语言三联图中连接基础与创新，起到承上启下、发挥重要支撑作用的就是"学习的语言"中高效的课堂深度讨论环节。为此，山崎胜采用拼图专家法力图通过小组合作的方式，促使组内成员在多维互动的学习中展开分析判断、归纳整理、探索挖掘以激发思维的碰撞。[②] 具体实施步骤如图 4 所示，将学生分成若干小组，每组成员接收围绕相同主题但不同角度、不同侧面的信息输入，并展开组内讨论加深内容理解；再按照组内成员信息来源不等同的原则重新分组，使拥有不同视角的成员能够围绕同一主题，基于第一次小组讨论后形成的观点发表独到见解，并通过反驳与争论深入开展多角度思考和全方位探究。从而在复杂

---

① Coyle D:Developing CLIL: Towards a Theory of Practice，APAC Monographs，2005(6)，p5-29.

② 山崎勝：「CLIL による協調学習の実践——『英語を学ぶ』から『英語で学ぶ』へ」,『J-CLIL Newsletter』2018 年 1 月，7—10 ページ。

意义协商过程中深度加工语言，在促进语言学习和内化的同时，掌握探究求真的学科研究方法与路径。

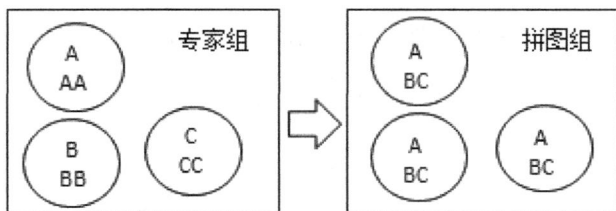

图 4　拼图专家法

二、CLIL 教学模式的优势

多元智能理论（the Theory of Multiple Intelligences，简称 MI 理论）认为人类思维与认知的方式是多元的，包括灵活运用语言表达与交际的言语语言智能、应用运算和推理分析数据关系的数理逻辑智能、准确感知辨别平面图形和立体造型的视觉空间智能、敏锐捕捉节奏和曲调的音乐韵律智能、善于控制肢体协调兼具力量与速度的身体运动智能、敏感觉察他人情绪并得体应对的人际沟通智能、洞察和反省自身行为的自我认知智能、认识和尊重自然环境规律的自然探索智能这8 种智能内涵。（如图 5 所示）

这一理论的提出打破了以语言和数理逻辑思维能力为核心的传统智力观的窠臼，为新时期外语教学改革提供了一个崭新的视角与切入点。它倡导弹性多因素组合的智力观、全面多样化的人才观、积极平等的学生观、个性化因材施教的教学观，主张通过多种渠道采取多种形式，切实考查学生的创新能力和解决实际问题的能力。这些观点都与 CLIL 的教育观不谋而合。传统的外语教育过分强调语言智能，特别是语法分析和记忆技能，导致不擅长死记硬背的学生由此被贴上"差生"的标签，并对外语学习产生消极畏难情绪。然而，机械式的语法学习与单词背诵并不能代表外语学习的真正内涵。CLIL 教育理念所倡导的选取与日常生活紧密相关的多元素材，最大程度地还原语言习得最为真实和自然的认知语境，为学习者综合发挥优势智能潜力创造条件，全面开发和调动学习者的多元智能潜力。使外语回归"语言"本质，成为"交际沟通的手段"和"获取知识的工具"，突出外语教育的"跨学科"属性、从而借助语言去认识世界并改造世界，才是积极探索、主动求变的外语教育发展新路径。

图 5　多元智能理论模型

　　CLIL 模式的另一项突出优势体现在它可以广泛而灵活地应用于各类教学活动中，具有良好的适应性与适用性。根据应用目标可以分为外语教育为主学科教育为辅的"Soft CLIL"和学科教育为主外语教育为辅的"Hard CLIL"；按照应用的频率和次数可以分为少数课堂偶尔使用的"Light CLIL"和频繁多次使用的"Heavy CLIL"；根据课堂教学的时间分配比例可以分为只在特定教学阶段使用的"Partial CLIL""Total CLIL"；按照课堂教学媒介语可以分为外语和母语双语授课的"Bilingual CLIL"和全程外语授课的"Monolingual CLIL"。（如图 6 所示）

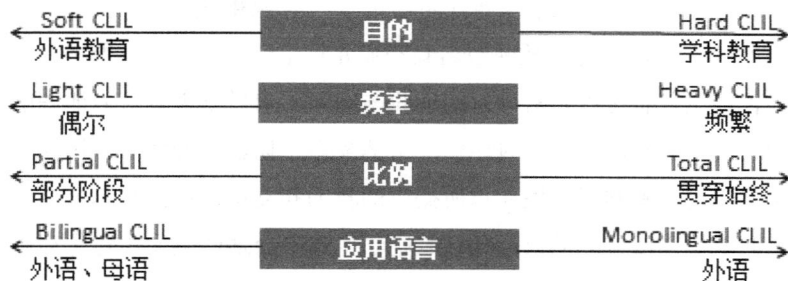

图 6 CLIL 的分类

三、CLIL 教学模式在日本的发展

近年来，CLIL 教学模式在日本学界引起高度关注，研究成果在学校教育中得到广泛应用与实践。其中，日本国内出版发行的 CLIL 代表性著作和教材主要有《CLIL 英语带你认识世界》《CLIL 英语带你学习 SDGs（可持续发展目标）》《CLIL 英语带你学习世界遗产》《CLIL 英语带你思考现代社会》《CLIL 英语带你养成跨文化意识》《日语教师的 CLIL 入门》《外国人感兴趣的日本文化与历史英文读本》《CLIL 教学法》《中小学的 CLIL 课堂初探》《小学外语教育中的 CLIL 实践》《CLIL——上智大学外语教育新挑战》等。笹岛茂认为在日本推行的 CLIL 教学模式应区别于欧洲，形成真正符合日本学习者需求的日本特色模式。[①]

（一）CLIL 应用于日本小学教育中的课堂实践

坂本瞳以东京都内某公立小学 6 年级学生为对象，以"聆听叙利亚孩子们的心声"为主题展开了 CLIL 教学实践。[②] 具体教学操作由"背景导入""拓展探究""介入实践""交流共享"等 4 项课题构成。"背景导入"阶段，通过展示叙利亚 3 岁小难民艾兰在土耳其海滩遇难的照片，以连环画的形式用英语讲述事件

---

① 笹島茂：「CLIL の楽しみ (3)——考えること」，『J-CLIL Newsletter』2019 年 6 月，2—3 ページ。

② 坂本ひとみ：「シリアの子どもたちの声を聞こう！——公立小学校 6 年生対象の CLIL 実践」，『J-CLIL Newsletter』2018 年 1 月，4—6 ページ。

的来龙去脉后，鼓励学生发表对难民危机的个人认识和理解，并在小组内展开讨论；"拓展探究"阶段，通过放映数名叙利亚儿童生活与采访的影像资料，展现他们异常艰苦的生存状态以及对梦想的期盼与向往，引导学生设身处地理解叙利亚孩子们的真实处境并发表自己的感想；"介入实践"阶段，介绍联合国儿童基金会等人道主义机构为叙利亚难民儿童所提供的救助和支持，包括在基金会所在网站向叙利亚儿童发送留言的倡议活动，鼓励学生思考合适的英文表达主动参与、积极响应；"交流共享"阶段，通过小组合作的形式制作主题海报并用英语发表对叙利亚孩子们的声援演讲。

本次教学实践通过尝试将社会、道德、综合等学生们感兴趣的其他学科内容引入到外语教学活动中，实现了语言学习和思维能力的同步发展，训练了学生对信息的整合概括能力和图文转换能力。学生们普遍反映，在参与课堂活动的同时，切实感受到了外语学习的意义与必要性，获得了通过外语与世界建立联系并输出个人观点的价值感和成就感，进一步激发了学习动力，明确了今后努力的方向。

（二）CLIL 应用于日本中学教育中的课堂实践

近年来，以注重外语与国际化教育而闻名的上智大学联合埼玉县立和光国际高中持续推进 CLIL 教学模式的课堂实践，并于 2019 年在德国美因茨大学 CLIL 研究学者 Nina Meyerhoeffer 的指导与协助下，进行了为期 7 周共 18 课时的 CLIL 生物教学，效果斐然。①

其具体操作是以探讨全球热点议题和跨学科研究为常规教学内容的《异文化理解》课程为案例课堂，授课对象为高中二、三年级的学习者，其中大部分的学习者都以文科志愿为主，对理科知识进行专业系统学习的机会有限。考虑到生物免疫的基本知识与日常生活具有紧密的联系与现实指导性，能有效促进学生展开深度学习的实践与探索，为兼顾内容与语言的自然融合，教材的选择与教学过程的设计由生物科目教师与外语教师通力合作共同承担。因此，符合知识专业性和语言规范性的网站、漫画、影像等丰富多彩、形式多样的相关资料被相继引入课堂教学。学习者可以通过细胞生物学的专业网站清晰地观察各类细胞的形态和结

---

① 山崎勝：「生物の CLIL 授業を振り返って」，『J-CLIL Newsletter』2019 年 6 月，6—9 ページ。

构，同时，还能通过体循环的动态影像认识人体的血液循环路径和血液成分在循环途径中发生的变化，通过天花疫苗的诞生漫画了解人类历史上第一支疫苗的研发历史。通过生物教师的实验操作配合外语教师的语言讲解，成功带领学生模拟出流感病毒传播与感染人体过程的实验分析，并使用琼脂培养基观察细菌的变化。

本次教学实践通过构建系统完整的学科知识体系为语言学习提供了丰富的认知资源，使语言学习本身真正成为认知发展的过程。在理论教学和实验实践的全过程，外语教师遵循"深入浅出、问题探究、学以致用"的教学理念，运用通俗易懂的语言和实例讲解专业的理论知识，通过提示关键词汇、短语和常用句型为学生搭建外语语言运用的"脚手架"，切实有效地支撑学生发展高水平的认知活动，启发和调动学生学习的积极性。此外，教师还辅以信息条块化、再包装和网络探究（WebQuest）等探究任务，如"作图说明人体感染流感病毒后的体温变化曲线""小组演示特异性免疫应答的基本过程及其调节机制""网络调查病毒传播途径、病毒感染类型和防治等相关信息并进行小组发表"等富有专业性和问题指向性的合作学习活动，通过多角度启发和多渠道引导力求使学习者激活已有知识，进行增添、重组和构建。借助知识的语言化和语言的知识化促使学习者通过语言构建起学科知识，培养学科意识和思维，掌握学科的研究方法与路径。教学评价的问卷结果显示，多数学生都对 CLIL 教学模式给予了支持和肯定，代表性的反馈意见包括"人体免疫的相关课题与日常生活息息相关，授课内容充满吸引力""母语学习时感到艰涩难懂的生物领域知识，通过外语授课的细腻讲解反而更有助于理解与吸收""小组合作学习能够实现优势互补，促进知识的建构和思维的拓展"。

（三）CLIL 应用于日本大学教育中的课堂实践

仲谷都在东洋英和女学院大学通识英语课程的教学中，通过优化教学策略，从外语知识、学科知识以及问题讨论的意义、逻辑与条理性等方面，引导学习者展开独立思考、发挥潜能、开阔视野、探索求真、质疑创新，显著改善了课堂讨论效果。[1]

---

[1] 仲谷都：「初級の学生へのディスカッション指導―Teaching discussion to beginning students」，『J-CLIL Newsletter』2018 年 2 月，16—19 ページ。

具体做法如下：首先，利用图片通过 BICS（Basic Interpersonal Communications Skills），即学习者能够完全掌控的基本社交生活所需的语言技能进行热身导入，使学习者以轻松愉悦的心情自然进入外语课堂语境，并确认学习者已掌握的与主题相关的背景知识；然后，通过相关录音资料深化主题，引导学生发表个人见解展开简单的交流与讨论；接下来，在为学习者配备必要的词汇辅助资料的基础上，阅读带有数据图表的专业性文本资料，并围绕焦点问题使用 CALP（Cognitive Academic Language Proficiency）开展演讲与辩论。从而完成从基本人际交流能力（BICS）过渡到熟练学术语言认知能力（CALP）的培养。

仲谷都指出，对于外语学习仍处于初级阶段的学习者而言，CLIL 教学模式最大的问题在于学习者的语言表达水平与思维认知能力之间存在一定的差距。因此，为了防止语言的短板抑制高阶思维能力的发展，教师需要及时为学习者参与话题讨论提供必要的辅助与指导，包括补充相关高频词汇、话题展开和例证反驳等常用术语及表达技巧。在进行分组讨论训练的初期，允许学生自由组队，以便在熟悉的人际环境中帮助学生敞开心扉、畅所欲言。随后，教师还需指导学生课上课下围绕议题展开调研和辨析，科学组织语言、丰富知识储备、掌握逻辑思维，为展开高质量的深度讨论创造条件。例如，教师要鼓励学生在讨论开始阶段积极表达自我主张，勇于提出不同观点，不要盲目追求意见统一；要保持话题和思维的灵活性与流动性，不要揪住局部概念纠缠不放；要认真听取对方的发言，反驳对方观点时要礼貌得体，在给予客观中肯的评价后，再提出不同见解；在表达自我主张时，不仅要说明理由，还要尽可能提供有说服力的典型案例、数据分析、名人名言等充分翔实的论据支撑，做到条理清晰、有理有据；要在反复辩证推理的过程中，深度挖掘观点内涵，透过现象认识本质，最终实现消除分歧、达成共识，真正做到敢辩、善辩和明辨；不仅要明辨是非，更要提出有效的解决策略，并通过随机组队快速适应风格迥异的讨论对象；在学生具备基本的讨论技能后，就可以尝试训练学生从自己相反的观点立场出发，寻找有力证据支撑观点，打破固定思维的局限，培养即兴发言、随机应变的适应能力。

四、结论与启示

CLIL 教学模式在日本学校教育中得到了广泛应用与实践，不仅注重基础的外语技能，更强调对人文素养和思辨能力的培养。为语言技能与相关学科领域内容之间建立了显性关联，满足了学生的思想与认知需求，提升了语言技能的实际意义和可移植性。并在运用外语作为工具获取知识的过程中潜移默化地提高了外语水平，形成了真正符合日本学习者需求的日本特色模式。

与此同时，CLIL 教学模式对于我国的外语教育也提供了有益的借鉴与参考。可以说，CLIL 教学模式的应用使语言学习的目标发生了根本转变，从以母语者的语言为唯一标准转向以语言在交际中的通用性、实用性和有效性作为语言学习的目标。有利于我国在外语教学实践中坚定文化自信，通过外语学习推进国际传播能力建设，用外语讲好中国故事、传播中国声音，建立起属于自己的话语体系。同时，为我国解决现行外语教学模式与现实需要脱节问题提供思路，为推动新时代外语教学改革突破提供参考，最终服务于国家和社会对新时期人才培养的需求。

参考文献

Coyle D，Developing CLIL: Towards a Theory of Practice，*APAC Monographs*，2005(6).

坂本ひとみ：「シリアの子どもたちの声を聞こう！——公立小学校 6 年生対象の CLIL 実践」，『J-CLIL Newsletter』，2018。

山崎勝：「CLIL による協調学習の実践——『英語を学ぶ』から『英語で学ぶ』へ」，『J-CLIL Newsletter』，2018。

仲谷都：「初級の学生へのディスカッション指導—Teaching discussion to beginning students」，『J-CLIL Newsletter』，2018。

笹島茂：「CLIL の楽しみ (3) ——考えること」，『J-CLIL Newsletter』，2019。

山崎勝：「生物の CLIL 授業を振り返って」，『J-CLIL Newsletter』，2019。

线上线下混合式教学模式视域下的
基础朝鲜语课程思政体系设计与实践

盛　辉[*]

摘要： 线上线下混合式教学模式的产生与应用解决了高校很多课程在以往教学中遇到的诸多问题，在提高学生自主学习能力和应用能力方面起到的了重要作用。而课程思政理念的出现为高校所有课程注入了新的动力，为培养社会主义合格人才提供了有力保障。线上线下混合式教学模式与课程思政体系的有效融合能够提高教育教学质量，值得所有教师开展进一步研究与实践。

关键词： 混合式教学模式；课程思政；融合

随着教育理念和教育技术的不断发展，线上线下混合式教学模式已成为目前高校众多课程所选用的教学模式。经过大量的应用与实践，已经证实如果能够根据课型，灵活利用该种教学模式，可以有效提高学生自主学习能力，提升学生学习深度。2004 年开始，课程思政理念悄然兴起，经过近 20 年的发展，其已融入高校所有课程的教学中。如何将课程思政理念与线上线下混合式教学模式有机融合在一起、以学生为中心、切实提高教育教学质量是摆在教师面前的一个新课题。

---

* 作者简介：盛辉（1983.1—），女，吉林外国语大学东方语学院韩语系副教授，研究方向为韩国语教育与翻译。

本文将以吉林外国语大学朝鲜语专业核心课程——"基础朝鲜语"为例,对近几年在课程思政和线上线下混合式教学模式方面的探索与实践进行梳理与总结,希望能对今后的教学改革与探索提供一定的参考依据。

一、混合式教学

混合式教学是将互联网教学与传统课堂教学有机结合的一种"线上 + 线下"的教学模式。它是将传统课堂与信息技术相融合,利用各种网络教学平台,将优质"慕课"资源或自制"慕课""微课"等作为线上资源,引导学生通过网络教学平台完成知识点的预习、复习及扩展知识的学习。课堂上基于学生线上学习情况进行查漏补缺、重点再现,通过精心设计的各种教学环节对知识点进行应用练习。该种教学模式最大的特点是打破了传统的教学认知,将教师的角色由教学转变为指导,让学生的学习模式由被动变为主动。这同时也是该种教学模式的优点之一。此外,通过该种教学模式,学生可以通过更多的途径接触并学习到专业相关知识,学习活动更加丰富,学习方式也更为灵活,能够有效调动学习积极性,还可以让原本腼腆、羞于开口的学生通过非对面的方式畅所欲言,发表自己的见解与观点。当然,也正是因为该种模式的灵活性强,也为教学和学习带来了极大的不确定性。所选用的线上教学平台是否成熟稳定,所上传的学习资源质量是否有保障,学生的学习环境是否能够支持线上部分的学习,学生是否真的能够按照任务单完成线上各环节的学习等,这些都是摆在教师和学生面前的现实问题。但无论如何,随着信息技术的不断发展以及教师和学生们的不断探索与实践,该种教学模式在很多课程的教学过程中已经逐渐替代了原本单一的线下传统课堂教学及纯线上教学,成为主力教学模式的趋势势不可挡,且大量的数据表明,该种教学方法在提高教学质量,提升学生学习自主性和学习深度与广度方面有很好的效果。

吉林外国语大学朝鲜语专业核心课基础朝鲜语课程(以下简称本课程)从2015 年开始探索线上线下混合式教学模式,经过课程组的研究与讨论,初步形成了每个单元的线上线下教学计划与设计,但由于当时教学平台尚不完善,教学资源并不丰富，仅止步于设想与计划阶段。随着我国网络技术与信息技术突飞猛进的发展，各种电脑端与手机端均可使用的学习软件与平台不断涌现，其中不乏很多高质量的平台，因此在2018年左右尝试使用"雨课堂"在双语班开展教学，效果良好。2019年年末，课程组开始将每个单元的知识点制作成微课短视频，并通过学习通平台面向所有一年级学生正式开展线上线下混合式教学。由于本课程周学时为10学时，学时数较多，因此总学时的20%使用线上教学的方式，让学生完成知识点的预习、复习、测试、讨论等环节。总学时的80%使用线下教学的方式，对学生线上学习情况进行检测与巩固，重点通过习题、问答、讨论、发表、对话练习等方式强化对知识点的应用。

线上预习 → 线下巩固 → 线上复习

图1　本课程混合式教学实施流程

线上预习　微课学习　线上讨论

线下巩固　课前测　查漏补缺　应用练习

线上复习　微课学习　复习测

图2　本课程各环节主要内容

二、课程思政

2004年，中央先后出台关于进一步加强和改进未成年人思想道德建设和大学生思想政治教育工作的文件，课程思政理念正式出现在大众的视野。课程思政是一种综合教育理念,是指以构建全员、全程、全课程育人格局的形式,将各类课程与思想政治理论课同向同行,形成协同效应,把"立德树人"作为教育的根本任务。党的十八大以来,习近平总书记在众多重要场合围绕立德树人提出了许多新思想、新论断,深刻回答了"培养什么人""怎样培养人"以及立什么德、树什么人、何以立德、何以树人等重大理论和实践问题。2018 年 5 月,习近平总书记在北京大学师生座谈会上提出,"人才培养体系涉及学科体系、教学体系、教材体系、管理体系等,而贯通其中的是思想政治工作体系"[①]。自此,课程思政理念全面铺开,课程思政相关的研究与论文开始蓬勃发展。

在该种形势的影响下,本课程课程组从 2018 年开始研究课程思政理念。课程组和大多数老师一样,最初对该理念的理解与认识并不正确,将课程思政与思政课程混为一谈,认为在有限的专业课进行过程中无法抽出时间进行思政内容的讲述,且也没有自信能讲好思政内容。由此,本课程的课程思政研究走入死角,出现停滞。之后,学校组织了多种形式的相关培训,随着培训形式与质量的不断提高,课程组对课程思政的认识逐渐清晰,了解了课程思政的本质是"立德树人",其结构是立体多元的,并不是在专业课讲授过程中生硬地和学生讲解思政内容,而是要通过多种形式,将思政元素自然融入专业课教学的各个环节,做到润物细无声。

在对课程思政有了一定的了解后,课程组开始尝试挖掘思政元素,融入课堂教学。初使阶段,课程组将主要精力放在了例句的选择上,尝试将思政元素融入例句中。在授课过程中,课程组根据需要搜集了很多含有思政元素的图片,例如,第一学期第一单元有介绍职业的小主题,虽然教材中有各个职业的图片,但课程组将这些图片全部替换为目前在国内各行各业中较有代表性的人物图片,在介绍职业的同时,也让学生再次重温了这些代表人物的事迹和功绩。当然,其中的有些人物部分学生也许并不了解,但通过其他学生的介绍或自己的查询也会有所认知。这个过程不仅让学生学到了专业知识,也让他们再次感受到爱国主义精神、集体主义精神以及奉献精神的可贵,同时还锻炼了自主学习能力。

本课程为朝鲜语专业学生步入大学后接触到的第一门专业课,因此具有非常

①《习近平在北京大学师生座谈会上的讲话》,《人民日报》2018 年 5 月 3 日。

重要的地位和作用。课程组经过研讨，认为开学第一课的说课环节非常重要，在这个环节不仅要让学生了解自己第一学期都会学到什么，同时还需要明确自己作为外语学习者的使命与担当。因此，在说课环节特别增加了"学好外国语，做好中国人"的引导环节。让学生在外语学习的初始阶段就对自己所选择的学科有正确的认识，让他们明确外语并不是简单的工具，要利用好这个工具为国家和地区社会发展做出应有的贡献。

课堂教学过程中，除举例环节外，根据每个单元的需求，引入环节也逐渐融入了思政元素。例如，第一学期"一天的生活"这一主题，在导入阶段除了让学生描述一下自己一天的作息以外，还追加了"在自己一天的生活中，你认为哪个环节是最有意义的？为什么？"，让学生在回顾自己一天生活的同时思考这些活动的合理性及意义的问题，进而促使他们制定出更为合理的作息安排，提高大学学习和生活的效率。此外，在一些涉及文化知识方面，会让学生搜集资料，通过小组讨论的方式，对中韩文化进行对比。

作业是所有教学必不可少的一个环节，对于外语教学而言更是如此。只有通过大量反复的练习，才能牢固掌握词汇与语法的应用，进而逐渐实现与对象语言国的人们自如交流，用所学语言为本国与对象语言国之间做好交流服务，充分发挥外语应用的作用。因此，课程思政理念在作业环节也应该得到体现。经过课程组研究决定，首先，课程设计中要改变过去较为单一地让学生造句、背诵、编写对话等作业形式，在保留造句的基础上变更题型，将造句扩展为选择、翻译。其次，要对背诵提出要求，不仅要能够熟练背诵课文内容，还能模仿课文内容进行词汇替换，变换对话内容。将编写对话由原来的一次课一编变更为一个单元一编，要求融入本单元学过的所有知识点及文化要素，且学生可以有效利用周围的环境及物品完成每一次的会话练习。这一过程中主要锻炼学生的思辨能力、探索能力、应用能力，并能够树立正确的价值观。例如，在进行以"饮食"为主题的会话练习时，可以适时引导他们加入中国元素，在要了解韩国的饮食习惯及礼仪的同时，还要将中国饮食文化推广出去。而在讨论环节，经课程组研究决定，讨论的主题不仅限于对相似知识点的比较等专业知识层面，还要根据实际情况实时加入对中韩两国一些社会现象的讨论，而讨论的主题可以以年轻人较为关注的文娱、电竞类为主。

在最终检验学习效果的考试环节中，思政元素与思政教育当然也不可或缺。最初，本课程曾尝试在翻译题中体现思政元素，但经过一次尝试后感觉过于刻意，因此改为在阅读、完成对话、作文中进行体现。通过这三个题型的完成，可以让学生短时间内在思想方面得到些许的提升。另外，课程组将原来第一部分的单词翻译题删掉，单词部分的掌握情况通过平时课前的听写或问答环节完成检验，这样才能将多出来的分数均匀分配给能够锻炼他们综合应用能力的题型。

此外，课程组还多次通过专业竞赛的形式来进行融入。如"韩文书写大赛"的内容选取习近平主席谈治国理政的句子，在让学生参加比赛的同时，对国家领导人的重要发言和理念的韩语表达方式有所了解。

三、线上线下混合式教学与课程思政的融合探索

线上线下混合式教学和课程思政可以说是目前高等教育备受瞩目的教学模式和教学理念。对于这两种概念的研究和探索都在如火如荼地进行着，本课程也不例外。在决定采用线上线下混合式教学模式进行教学的同时，课程组也将课程思政如何融入到此种教学模式作为研究和实践的课题。

最初，课程组在本课程的线上教学的"课程资料"部分增设了一个"我的国"专题，每周上传思政主题的词汇和句子，考虑到学生们专业知识的学习与掌握情况，在不增加学生负担的前提下，词汇控制在 3 个左右，句子控制在 1 个。这部分内容的自学情况通过期末考试翻译部分来进行过检测。然而只有这一个环节的融合并没有达到课程组的目标，因此，课程组决定通过线上的复习测、预习测环节，来检测学生的自主性及思辨能力，以此来实现线上线下相结合的课程思政改革与教学。

四、存在问题

所有形式的改革均会存在一些问题，有问题才能对改革方向、方法、内容等

进行更新。目前本课程在线上线下混合式教学模式与课程思政相融合方面存在的问题是比较典型和突出的。

首先，课程组的理论研究还不够充分。虽然对线上线下混合教学模式与课程思政相关理论有一定的了解与认识，但还不够全面。因此在实施过程中还不够自然、娴熟。其次，课程组在思政元素的挖掘方面不够全面，在教学平台的应用方面不够熟练。因此，需要课程组需要拓展思路，不断发掘并更新思政元素，熟练掌握平台各功能的使用技巧。再次，课程组在创新方面还有待加强。虽然在根据学生的实际情况不断进行教学模式与内容的变更，但仍然存在不够灵活、缺乏创新的问题。最后，课程组的整体融合度还有待进一步提高。目前课程组的人员构成相对稳定，无论学历、职称还是教学经验均较为合理，且各成员的个人综合素质均较高。但在形成一个整体的过程中还存在畏首畏尾的情况，缺乏大胆表达自己想法的勇气，这也在一定程度上影响了本门课程的改革进度。

五、结语

教育教学改革是一个不断发展、不断变化、推陈出新的过程，但万变不离其宗，所有改革的最终目标都是为国家培养合格的人才。外语教师不仅承担着培养外语人才的任务，更为重要的是在教学过程中能够让学生树立正确的价值观和大局观，让学生不仅能够用所学语言做好桥梁，同时还能通过自己这座桥让中国优秀文化走出去，不断建立文化自信。"经师易求，人师难得"，作为新时代外语教师，要担负起时代的重任，在教好专业课的同时，不断提高自身素质，坚定信仰，开阔视野，端正品行，为国家培养真正合格的外语人才。